Mamãe & Eu & Mamãe

MAYA ANGELOU

Mamãe & Eu & Mamãe

Tradução
Ana Carolina Mesquita

7ª edição

Rio de Janeiro
2024

Copyright © 2013 by Maya Angelou

Tradução publicada mediante acordo com Random House, uma divisão de Penguin Random House LLC

Título original: *Mom & Me & Mom*

Capa: Lola Vaz

Fotos do encarte: Cortesia de Maya Angelou, exceto as das páginas 6 (base), 8, 9 e 11, que são uma cortesia de Eugene B. Redmond.

CIP-BRASIL. CATALOGAÇÃO NA PUBLICAÇÃO
SINDICATO NACIONAL DOS EDITORES DE LIVROS, RJ

A593m
7ª ed.

Angelou, Maya, 1928-2014
Mamãe & eu & mamãe / Maya Angelou; tradução Ana Carolina Mesquita. – 7ª ed. – Rio de Janeiro: Rosa dos Tempos, 2024.

Tradução de: Mom & Me & Mom
ISBN 978-85-01-11413-6

1. Angelou, Maya, 1928-2014 – Narrativas pessoais. 2. Mães e filhas. I. Mesquita, Ana Carolina. II. Título.

18-46962

CDD: 306.87
CDU: 392.3

Todos os direitos reservados. É proibido reproduzir, armazenar ou transmitir partes deste livro, através de quaisquer meios, sem prévia autorização por escrito.

Texto revisado segundo o novo Acordo Ortográfico da Língua Portuguesa.

Direitos desta tradução adquiridos pela
EDITORA ROSA DOS TEMPOS
Um selo da
EDITORA RECORD LTDA.
Rua Argentina, 171 – Rio de Janeiro, RJ – 20921-380 – Tel.: (21) 2585-2000

Seja um leitor preferencial Record.
Cadastre-se no site www.record.com.br
e receba informações sobre nossos
lançamentos e nossas promoções.

Atendimento e venda direta ao leitor:
sac@record.com.br

Impresso no Brasil
2024

Agradeço especialmente a Vivian Baxter, que generosamente me ensinou a ser mãe e me permitiu dedicar este livro a um dos homens mais corajosos e generosos que eu conheço: meu filho, Guy Bailey Johnson.

PRÓLOGO

Com frequência me perguntam como consegui vir a ser o que sou. Como eu, nascida negra num país branco, pobre numa sociedade em que a riqueza é adorada e buscada a todo custo, mulher em um ambiente que apenas grandes embarcações e algumas locomotivas são favoravelmente descritas com o pronome feminino — como consegui tornar-me Maya Angelou?

Muitas vezes senti vontade de citar Topsy, a menina negra de *A cabana do Pai Tomás*. Eu me senti tentada a dizer: "Num sei. Eu cresci, só isso." Mas nunca usei essa resposta, por diversos motivos. Primeiro, porque li esse livro no início da minha adolescência e fiquei constrangida com a garota negra ignorante. Segundo, eu sabia que me tornara a mulher que me tornei por causa da avó que eu amava e da mãe que vim a adorar.

O amor das duas me instruiu, educou e libertou. Morei com a minha avó paterna dos três aos treze anos de idade. Minha avó nunca me deu um beijo durante todos esses anos. Porém, sempre que havia visitas, ela me intimava a ficar na frente delas. Daí afagava meus braços e perguntava: "Já viram braços mais lindos, retos como uma tábua e morenos como manteiga de amendoim?". Ou então me dava um bloco de papel e um lápis e ia falando números para eu anotar na frente dos visitantes. "Certo, irmã, põe aí 242, depois 380, depois 174, depois 419; agora some tudo." Falava para as visitas: "Agora prestem atenção. Seu tio Willie já cronometrou o tempo dela. Ela consegue terminar em dois minutos. Esperem só." Quando eu respondia, ela sorria, toda orgulhosa. "Viram? Minha professorinha."

O amor cura. Cura e liberta. Eu uso a palavra *amor* não como sentimentalismo, mas como uma condição tão forte que pode muito bem ser o que mantém as estrelas em seus lugares no firmamento e faz o sangue fluir disciplinadamente por nossas veias.

Escrevi este livro para examinar algumas das maneiras como o amor cura e ajuda a escalar alturas impossíveis e erguer-se de profundezas imensuráveis.

Mamãe
&
EU

1

A primeira década do século XX não foi uma época muito boa para se nascer negra, pobre e mulher em St. Louis, Missouri, mas Vivian Baxter nasceu negra e pobre, de pais negros e pobres. Mais tarde cresceria e seria considerada linda. Adulta, seria conhecida como a mulher cor de manteiga com o cabelo penteado para trás.

Seu pai, um trinitino com forte sotaque caribenho, descera de um navio bananeiro em Tampa, na Flórida, e passou a vida inteira driblando com sucesso os agentes da imigração. Falava sempre com orgulho que era um cidadão americano. Ninguém explicou a ele que o simples fato de desejar ser cidadão não era o suficiente para torná-lo um.

Em contraste com a cor escura de chocolate do seu pai, sua mãe era clara o bastante para passar por branca. Ela era chamada de octoruna, o que significava que tinha um oitavo de sangue negro. Seu cabelo era comprido e liso. À mesa da cozinha, ela divertia os filhos girando as tranças como se fossem cordas e depois sentando-se sobre elas.

Embora a família da mãe de Vivian fosse irlandesa, ela havia sido criada por pais alemães adotivos e falava com um forte sotaque alemão.

Vivian foi a primogênita dos filhos dos Baxter. Sua irmã Leah veio depois, seguida pelos irmãos Tootie, Cladwell, Tommy e Billy.

Durante a infância dos filhos, o pai transformou a violência em parte da sua herança. Dizia sempre: "Se forem parar na cadeia por roubo ou assalto, eu deixo vocês lá apodrecendo. Mas, se for por briga, vendo a mãe de vocês e pago a fiança."

A família passou a ser conhecida como os "Malvados Baxter". Se alguém irritasse algum deles, iam atrás do ofensor na sua rua ou bar. Os irmãos (armados) entravam no bar. Montavam guarda na porta, nos fundos e nos banheiros. Tio Cladwell pegava uma cadeira de madeira e a quebrava, depois entregava uma lasca da cadeira a Vivian.

Dizia: "Vivian, vai lá acabar com a raça daquele canalha."

E Vivian perguntava: "Qual deles?"

Depois pegava a arma de madeira e a usava para espancar o ofensor.

Quando seus irmãos diziam "Já chega", a gangue dos Baxter interrompia a violência e saía de cena, deixando a reputação de perversos no ar. Em casa, contavam com frequência e deleite as histórias de suas brigas.

Vovó Baxter tocava piano na igreja batista e adorava ouvir os filhos cantarem música gospel. Ela enchia um cooler com Budweisers e empilhava potes de sorvete no congelador.

MAMÃE & EU

Os mesmos Baxter durões, que eram liderados por sua feroz irmã mais velha, harmonizavam suas vozes na cozinha para cantar "Jesus keep me near the cross":

There a precious fountain
Free to all, a healing stream,
Flows from Calvary's mountain.*

Os Baxter tinham orgulho da sua aptidão para o canto. Tio Tommy e Tio Tootie eram baixos; Tio Cladwell, Tio Ira e Tio Billy eram tenores; Vivian era contralto; e Tia Leah, soprano (a família dizia que sua voz tinha também um doce vibrato). Muitos anos mais tarde, eu os ouvia com frequência, sempre que meu pai, Bailey Johnson Sr., levava a mim e meu irmão, Junior, para ficar na casa dos Baxter em St. Louis. Eles tinham orgulho de cantar alto e afinado. Os vizinhos iam entrando e se juntavam à cantoria, cada qual tentando cantar mais alto que o outro.

O pai de Vivian queria sempre saber das valentias que os filhos aprontavam. Ouvia entusiasmado, mas, se as histórias terminassem sem uma boa briga ou, no mínimo, em confronto, ele soprava o ar por entre os dentes e dizia: "Isso aí é brincadeira de criança. Não me façam perder meu tempo com historinhas bobas."

Então dizia a Vivian: "Bibbi, esses garotos são grandes demais para brincadeiras de menina. Não deixe que eles virem mulherzinhas quando crescerem."

---

* Em tradução livre: "Há uma preciosa fonte /Livre para todos, uma corrente de cura,/ Flui do monte Calvário."

Vivian levou essa ordem a sério. Garantiu ao pai que, se dependesse dela, eles seriam durões. Levava os irmãos até o parque e mandava ficarem olhando enquanto ela subia na árvore mais alta. Arrumava brigas com os garotos mais valentões do bairro e nunca pedia ajuda aos irmãos, contando que eles entrariam na briga sem precisarem ser chamados.

Seu pai a repreendia quando ela chamava a irmã de mariquinha. "Ela é só uma menina, mas você é mais que isso. Bibbi, você é a meninona do Papai. Mas não vai precisar ser durona para sempre. Quando Cladwell crescer um pouco, ele vai poder assumir."

E Vivian dizia: "Se eu deixar."

Todos riam e contavam as aventuras da época em que Vivian os ensinou a serem durões.

2

Minha mãe, que permaneceria uma beldade estonteante, conheceu meu pai, um belo soldado, em 1924. Bailey Johnson voltara da Primeira Guerra Mundial com honras militares e um falso sotaque francês. Os dois não conseguiram se conter. Apaixonaram-se, muito embora os irmãos de Vivian o rodeassem ameaçadoramente. Ele tinha ido para a guerra, e era do Sul, onde um homem negro aprende cedo a se defender ou não é homem.

Os garotos Baxter não conseguiram intimidar Bailey Johnson, especialmente depois que Vivian os mandou parar com a amolação, se endireitar e andar na linha. Os pais de Vivian não ficaram contentes de ela se casar com um sulino que não era nem médico nem advogado. Ele disse que era nutricionista. Os Baxter retrucaram que isso significava que ele não passava de um cozinheiro negro.

Vivian e Bailey deixaram para trás o clima repressor dos Baxter e se mudaram para a Califórnia, onde o pequeno Bailey nasceu. Eu cheguei dois anos mais tarde. Meus pais logo provaram um ao outro que não conseguiam ficar juntos. Eram como fósforo e gasolina. Brigaram até mesmo para decidir como iriam se separar. Nenhum dos dois queria a responsabilidade de cuidar de duas crianças pequenas. Eles se separaram e nos mandaram para a casa da mãe do meu pai, no Arkansas.

Eu tinha três anos e Bailey, cinco, quando chegamos a Stamps, Arkansas. Viajamos com pulseiras de identificação e sem a companhia de nenhum adulto. Descobri mais tarde que os garçons e os carregadores dos vagões Pullman retiravam as crianças dos trens do Norte e as colocavam em outros trens que seguiam para o Sul.

Salvo uma horrível visita a St. Louis, moramos com a mãe do meu pai, Vó Annie Henderson, e seu outro filho, Tio Willie, até os meus treze anos. A visita a St. Louis durou pouco, mas lá fui estuprada e o estuprador acabou sendo morto. Achei que tinha sido a responsável por sua morte, porque revelei seu nome à família. Por culpa, parei de falar com todo mundo, exceto com Bailey. Decidi que, apesar de a minha voz ser tão poderosa que podia matar as pessoas, não seria capaz de machucar meu irmão, porque o amor entre nós era grande demais.

Minha mãe e sua família tentaram me convencer a sair do meu silêncio, mas eles não sabiam o que eu sabia: que minha voz era uma arma letal. Logo se cansaram daquela criança amuada e quieta, e nos mandaram de volta para a Vó Henderson no Arkansas, onde vivemos tranquilamente e sem percalços sob os cuidados da minha avó e o olhar atento do meu tio.

Quando meu brilhante irmão Bailey fez catorze anos, atingiu uma idade perigosa para um menino negro no Sul segregado. Era uma época em que, se um branco caminhasse por um quarteirão da cidade, qualquer negro que estivesse na rua precisava abrir caminho para ele e seguir pela sarjeta.

Bailey obedecia a essa ordem tácita, mas às vezes agitava o braço teatralmente e dizia em voz alta: "Sim, senhor; ora, o senhor é quem manda, senhor."

Alguns vizinhos notaram como Bailey estava se comportando na frente dos brancos do centro da cidade e foram contar à minha avó.

Ela nos chamou e disse para Bailey: "Júnior"— o apelido dela para meu irmão —, "quer dizer que você anda se exibindo lá no centro? Não sabe que esses brancos podem te matar por zombar da cara deles?"

"Momma"— meu irmão e eu frequentemente a chamávamos assim —, "a única coisa que faço é sair da rua onde eles estão caminhando. É isso o que eles querem, né?"

"Júnior, não banque o espertinho comigo. Eu sabia que ia chegar uma hora em que você ficaria velho demais para o Sul. Só não contava que fosse tão cedo. Vou escrever para sua mãe e seu pai. Você e Maya, mas principalmente você, Bailey, vão ter de voltar para a Califórnia, e logo."

Bailey se pôs de pé num pulo e deu um beijo em Vovó. Disse: "Sou Brer Rabbit no arbusto de espinhos."

Nem Vovó conseguiu segurar o riso. O conto popular narrava que um fazendeiro, cujas cenouras Brer Rabbit andava roubando, um dia acabou por apanhar o coelho.

O homem, então, ameaçou matá-lo e fazer dele ensopadinho. O coelho disse: "Eu mereço, por favor me mate, só não me atire naquele arbusto de espinhos, por favor, senhor, qualquer coisa menos isso, qualquer coisa."

O fazendeiro perguntou: "Você tem medo do arbusto de espinhos?"

O coelho, tremendo, disse: "Sim, senhor, por favor me mate e me coma, só não me atire no..."

Então o fazendeiro segurou o coelho pelas orelhas compridas e o atirou num arbusto de erva daninha.

O coelho saltou para cima e para baixo. "Era justamente onde eu queria estar, todo o tempo!"

Eu sabia que Bailey tinha vontade de viver com a sua mãe, mas eu me sentia muito à vontade com a Vó Henderson. Eu a amava e a admirava, e me sentia segura sob o manto do seu amor. Mas sabia que, pelo bem de Bailey, precisávamos voltar a morar na Califórnia. Qualquer garoto negro daquela idade que simplesmente olhasse para meninas brancas corria o risco de ser espancado, ferido ou linchado pela Ku Klux Klan. Ele ainda não tinha mencionado nenhuma garota branca, mas, à medida que se transformava em homem, era inevitável que acabasse vendo uma branca bonita e se sentisse atraído por sua beleza.

"Tudo bem, estou pronta para partir", falei.

3

Minha avó conseguiu, com dois carregadores de vagão Pullman e um garçom do vagão-restaurante, as passagens para ela, para mim e para o meu irmão. Avisou que eu e ela iríamos para a Califórnia primeiro e que Bailey seguiria um mês depois. Falou que não queria me deixar sem a supervisão de um adulto, porque eu era uma garota de treze anos. Bailey ficaria em segurança com o Tio Willie. Bailey imaginou que ele estivesse cuidando do Tio Willie, mas, na verdade, era o Tio Willie quem estava cuidando dele.

Quando o trem chegou à Califórnia, eu estava amedrontada demais para aceitar a ideia de que finalmente iria encontrar minha mãe.

Minha avó segurou minhas mãos. "Querida, não há motivo para ter medo. Ela é sua mãe, só isso. Não estamos chegando de surpresa. Quando ela recebeu minha carta explicando como Júnior estava crescendo, convidou-nos para vir à Califórnia."

Vovó me embalou em seus braços e cantarolou baixinho. Eu me acalmei. Quando descemos os degraus do trem, procurei quem poderia ser minha mãe. Ouvi minha avó chamando, segui a direção da sua voz e tive certeza de que ela havia cometido um erro — mas a mulher baixinha e bonita de lábios vermelhos e saltos altos veio correndo na direção da minha avó.

"Mãe Annie! Mãe Annie!"

Minha avó abriu os braços e envolveu a mulher. Quando os braços de Momma a soltaram, a mulher perguntou: "E cadê a minha menininha?"

Ela olhou em volta e me viu. Senti vontade de afundar no chão. Eu não era bonita, sequer bonitinha. Aquela mulher, que parecia uma estrela de cinema, merecia uma filha mais apresentável do que eu. Eu sabia disso e tinha certeza de que ela também saberia, assim que me visse.

"Maya, Marguerite, meu amor." De repente fui envolvida por seus braços e seu perfume. Ela me afastou para me olhar. "Oh, querida, como você é linda, e tão alta. Você se parece comigo e com seu pai. Estou tão feliz de te ver."

Ela me deu um beijo. Eu nunca recebera um único beijo durante todos aqueles anos no Arkansas. Minha avó muitas vezes me convocava para me exibir na frente das visitas. "Essa é a minha neta." Ela me afagava e sorria. Era o mais perto que eu já tinha chegado de um beijo. Agora Vivian Baxter estava beijando meu rosto, meus lábios e minhas mãos. Como eu não sabia o que fazer, não fiz nada.

A casa dela, que era uma pensão, era repleta de móveis pesados e muito desconfortáveis. Ela me mostrou um quarto e disse que era meu. Eu lhe disse que queria dormir com Momma. Vivian respondeu: "Imagino que você dormia com sua avó em Stamps, mas logo, logo, ela vai embora e você precisa se acostumar a dormir no seu próprio quarto."

Minha avó permaneceu na Califórnia, para ficar de olho em mim e em tudo o que acontecia à minha volta. E, quando decidiu que estava tudo bem, ficou contente. Eu, não. Ela começou a falar em voltar para casa e a se perguntar em voz alta como seu filho aleijado estaria se virando sem ela. Eu tinha medo de que ela me deixasse, mas ela falou: "Você está com a sua mãe agora, e logo o seu irmão virá também. Confie em mim, mas, acima de tudo, confie no Senhor. Ele vai tomar conta de você."

Vovó sorria quando minha mãe punha jazz e blues para tocar bem alto na vitrola. Às vezes ela começava a dançar só porque lhe dava vontade, sozinha mesmo, no meio da sala. Enquanto Vovó aceitava esse comportamento tão diferente, eu simplesmente não conseguia me acostumar com aquilo.

Minha mãe ficou me observando sem dizer muita coisa durante mais ou menos duas semanas. Então tivemos o que se tornaria conhecido como um "papo sério".

"Maya", disse ela, "você me desaprova porque não sou como sua avó. E é verdade. Não sou mesmo. Mas sou sua mãe, e estou me virando do avesso para pagar esse teto sobre a sua cabeça. Quando você for para a escola, o professor vai sorrir para você e você vai sorrir de volta. Colegas que você nem conhece vão sorrir e você vai sorrir também. Quanto a mim, sou sua mãe. Se você consegue abrir um sorriso nesse rosto para os estranhos, faça o mesmo por mim. Prometo que vai gostar."

Ela pousou a mão na minha face e sorriu. "Vamos, meu amor; dê um sorriso para Mamãe. Vamos. Seja caridosa."

Ela fez uma cara engraçada e, contra a minha vontade, eu sorri. Ela me deu um beijo nos lábios e desatou a chorar. "É a primeira vez que eu vejo você alegre. Que sorriso lindo! A filha linda da Mamãe sabe sorrir."

Eu não estava acostumada a ser chamada de linda.

Naquele dia, descobri que podia oferecer algo simplesmente sorrindo para alguém. Os anos seguintes me ensinaram que uma palavra gentil ou de apoio pode ser um presente caridoso. Posso chegar para o lado e abrir espaço para outra pessoa se sentar. Posso aumentar o volume da minha música se ela agradar, ou abaixar se for irritante.

Talvez eu nunca venha a ser conhecida como filantropa, mas, com toda a certeza, quero ser conhecida como generosa.

Eu estava começando a gostar dela. Gostava de ouvir sua risada porque notei que ela nunca ria de ninguém. Depois de algumas semanas, ficou claro que eu não deveria usar nenhum título ao me dirigir a ela. Na verdade, eu raramente puxava conversa. O mais comum era eu simplesmente responder quando ela falava comigo.

Ela me convidou para ir até seu quarto. Sentou na cama e não me pediu para sentar ao seu lado.

"Maya, sou sua mãe. Apesar de eu ter te abandonado durante anos, eu sou sua mãe. Você sabe disso, não sabe?"

Eu disse: "Sim, senhora." Desde a minha chegada à Califórnia, eu andava lhe respondendo com poucas palavras.

"Não precisa me chamar de 'senhora'. Você não está no Arkansas."

"Não, senhora. Quero dizer, não."

"Você não quer me chamar de 'Mãe', não é?"

Fiquei em silêncio.

"Você precisa me chamar de alguma coisa. Não podemos passar a vida inteira sem você se dirigir a mim. Como gostaria de me chamar?"

Eu vinha pensando naquilo desde a primeira vez que a vira. Falei: "Lady."

"O quê?"

"Lady."

"Por quê?"

"Porque você é linda e não parece uma mãe."

"E Lady é alguém de quem você gosta?"

Não respondi.

"Lady é alguém que você pode aprender a gostar?"

Ela esperou enquanto eu pensava no assunto.

"É, sim", respondi.

"Então, tudo bem. Sou Lady, mas continuo a ser sua mãe."

"Sim, senhora. Quero dizer, sim."

"Vou esperar a hora certa para usar meu novo nome."

Ela saiu, ligou a vitrola e cantou alto, junto com a música. No dia seguinte, eu me dei conta de que ela devia ter conversado com a minha avó.

Vovó entrou no meu quarto. "Irmã, ela é sua mãe e se importa com você, sim."

Eu falei: "Vou esperar o Bailey chegar. Ele vai saber o que fazer, e se a gente deve continuar ou não a chamando de Lady."

4

Mamãe, Vovó e eu fomos aguardar na estação. Bailey desceu do trem e me viu primeiro. O sorriso que tomou conta do seu rosto me fez esquecer todo o desconforto que eu sentia desde que chegara à Califórnia.

    Seus olhos encontraram Vovó e seus lábios se transformaram num sorriso largo, e ele acenou para ela. Depois viu Mamãe e sua reação partiu meu coração. De repente ele se transformou em um garotinho que finalmente tinha sido encontrado. Viu sua mãe, sua casa e todos os seus aniversários solitários desaparecerem. As noites em que coisas assustadoras faziam barulho embaixo da cama foram esquecidas. Ele seguiu na direção dela como se estivesse hipnotizado. Ela abriu os braços e o prendeu em seu abraço. Tive a sensação de ter parado de respirar. Meu irmão havia desaparecido e nunca mais voltaria.

    Ele se esquecera de tudo, mas eu me lembrava de como nos sentíamos nas poucas ocasiões em que ela nos mandava brinquedos. Eu furava os olhos de cada boneca, enquanto Bailey apanhava pedras enormes e esmagava em pedacinhos os caminhões ou trens que chegavam embalados em papel de presente.

Vovó passou o braço em volta de mim e fomos andando na frente deles até o carro. Ela abriu a porta e sentou no banco de trás. Olhou para mim e deu um tapinha no assento ao seu lado. Deixamos os bancos da frente para os pombinhos.

O plano era Vovó retornar para o Arkansas dois dias depois da chegada de Bailey. Antes que Lady e Bailey Jr. chegassem ao carro, eu disse para Vovó: "Quero voltar para casa com a senhora, Momma."

Ela perguntou: "Por quê?"

Respondi: "Não quero nem imaginar a senhora naquele trem sozinha. Acho que vai precisar de mim."

"E quando foi que você tomou essa decisão?"

Eu não quis responder.

Ela disse: "Quando você viu o encontro de seu irmão com sua mãe?" Achei impressionante o fato de ela ter entendido aquilo, sendo uma velha senhora e, ainda por cima, do interior. E foi bom eu não ter tido uma resposta, porque Bailey e a mãe dele já tinham chegado no carro.

Vivian disse para Vovó: "Mãe Annie, nem procurei vocês duas. Sabia que viriam para o carro." Bailey não se virou para olhar para mim. Seus olhos estavam grudados no rosto da sua mãe. "Uma coisa que ninguém pode negar é que você é realmente uma mulher sensata."

Vovó disse: "Obrigada, Vivian. Júnior?"

Ela teve de chamar duas vezes para conseguir sua atenção: "Júnior, como foi no trem? Alguém fez comida para sua viagem? Willie ficou bem?"

De repente ele se lembrou de que existia outra pessoa no mundo. Deu um sorriso largo para Vovó. "Sim, senhora, mas nenhum deles sabe cozinhar como a senhora."

Ele se virou para mim e perguntou: "O que foi, My? A Califórnia comeu sua língua? Você não disse uma palavra desde que entrei no carro."

Fiz minha voz assumir o tom mais frio possível e falei: "Você não me deu chance."

Num segundo, ele disse: "Qual é o problema, My?"

Eu o machucara e estava feliz. Falei: "Talvez eu volte para Stamps com Momma." Queria partir seu coração.

A voz da minha avó soou estranhamente dura ao dizer: "Não, senhora, você não vai, não."

Minha mãe perguntou: "Por que você quer ir embora agora? Você disse que a única coisa que estava esperando era seu irmão chegar. Bom, agora ele já está aqui." Ela deu partida no carro e entrou no trânsito.

Bailey virou-se para ela e acrescentou: "É isso mesmo, estou na Califórnia."

Vovó segurou minha mão e lhe deu um tapinha. Eu mordi o interior da minha boca para não chorar.

Ninguém falou nada até chegarmos em casa. Bailey deixou a mão cair pelo encosto do banco da frente. Quando ele agitou os dedos, eu os segurei. Ele apertou meus dedos, depois os soltou e levou a mão de volta para seu banco. Apesar de o gesto entre nós não passar despercebido para Vovó, ela não disse nada.

5

Quando entramos em casa, minha mãe falou: "Maya, mostre o quarto do seu irmão e o ajude a pendurar suas roupas." Ela não precisava me dizer o que eu podia fazer pelo meu irmão. Andei em direção às escadas.

Vovó disse: "Irmã, sua mãe falou com você."

Murmurei: "Sim, senhora."

Bailey ficou impressionado com seu quarto. Sentou na cama e perguntou: "E aí, qual é o problema? Por que você está tão triste?"

Não havia motivo para mentir para ele. "Bom, eu não gosto dela. Não entendo por que ela nos mandou embora."

"E você perguntou para ela?"

"Óbvio que não."

Bailey, sem rodeios como sempre, disse: "A única coisa a fazer é perguntar para ela."

"Provavelmente ela vai fazer a gente sentir pena dela."

"Pode ser. Eu acho que ela é durona. Vamos descer e perguntar."

Eu me retraí, com medo de enfrentá-la, mas Bailey nunca tinha me levado em uma direção errada. Ele falou:

"Vamos, My." Num segundo, tinha saído pela porta lateral, então fui atrás dele.

"Mãe?" Ele já a estava chamando de Mãe.

Ela saiu por uma porta. "Sim?"

"My e eu precisamos te fazer uma pergunta. Não tem que responder se não quiser."

"A única coisa que eu *tenho* que fazer nessa vida é continuar negra e morrer. Então, qual é a pergunta?"

"Por que você nos mandou embora e por que não voltou para nos buscar?"

Ela falou: "Sentem-se, crianças."

Bailey puxou uma cadeira para mim e nós dois sentamos.

"Seu pai e eu começamos a não gostar mais um do outro logo depois que nos casamos. Então vocês dois nasceram e tivemos de pensar no que iríamos fazer com vocês. Tentamos por quase um ano, mas percebemos que não havia nada capaz de nos manter juntos. A gente brigava como dois animais selvagens. A mãe dele nos escreveu pedindo para mandarmos vocês para a casa dela. Quando recebemos aquela carta, nós saímos, e pela primeira vez em um ano passamos uma noite sem nos xingar e sair batendo a porta do restaurante."

Ela ensaiou um sorriso. "Senti saudades, mas sabia que estavam no melhor lugar para vocês. Eu teria sido uma péssima mãe. Não tinha a menor paciência. Maya, quando você tinha mais ou menos dois anos, você me pediu alguma coisa. Eu estava ocupada conversando, daí você bateu na minha mão, e, sem pensar duas vezes, te dei um tapa tão forte que você caiu da varanda. Isso não significa que eu não te amava; só significa que não estava preparada para ser mãe. Estou te explicando isso, não pedindo desculpas. Todos nós estaríamos arrependidos se eu tivesse ficado com vocês."

6

Pouco depois da nossa chegada à Califórnia, Vivian Baxter falou para mim e para Bailey: "Por favor, sentem. Tenho uma coisa a dizer." Bailey olhou para mim e piscou o olho e nós dois sentamos no sofá. Ela sentou numa poltrona e disse que Baxter era seu nome de solteira e que, quando se casou com nosso pai, tornara-se uma Johnson. Então eles se divorciaram. Havia alguns anos, ela conhecera Clidell Jackson e eles se apaixonaram, por isso casaram. Clidell estava viajando a trabalho, mas em breve retornaria. Ela disse que ele era um homem maravilhoso e que sabia que todos nós nos daríamos bem e nos amaríamos.

Quando Bailey e eu ficamos a sós, conversamos sobre nosso padrasto. Bailey me aconselhou a não fazer nenhum julgamento até o conhecermos. Concordei.

Certa manhã, nossa mãe começou a andar para cá e para lá, pegando um copo aqui e o colocando ali, pondo um prato na mesa e depois o substituindo. Bailey disse que nosso padrasto devia estar chegando. Como sempre, ele tinha razão.

Mamãe pediu que a gente colocasse roupas bonitas e se preparasse para conhecer nosso novo pai. Esperamos na sala de estar, imaginando como seria.

Nós a ouvimos abrindo a porta da frente e nos levantamos.

Mamãe nos apresentou Clidell Jackson. Ele era um homem impressionante, de aparência muito agradável, alto e grande, com uma barriguinha. Seus ternos de três peças faziam com que tivesse ares de advogado ou banqueiro. Usava um prendedor de brilhante amarelo na gravata e sua camisa tinha golas e punhos engomados.

Quando Bailey e eu apertamos sua mão, ele disse: "Estou feliz em conhecer vocês. Eu sei suas idades e sei que, quando eu tinha quinze anos, achava que sabia tudo. Quando cresci, fui obrigado a admitir que sabia muito pouco ou quase nada. Tenho certeza de que vocês sabem tudo, mas tem umas poucas coisinhas que posso ensinar a vocês. Conheço todos os jogos de cartas e apostas de que vocês já ouviram falar. Quero que aprendam que não se pode ter coisa nenhuma na vida sem dar duro por ela. A única maneira de alguém tirar vantagem de vocês é se vocês acharem que podem conseguir alguma coisa de graça. Ficarei feliz se me chamarem de Papai Clidell. Amo muito sua mãe e sempre tomarei conta de vocês três."

Vivian Baxter beijou a mim e meu irmão e disse: "Agora podem ir lá para cima."

No patamar diante da porta do meu quarto, Bailey disse: "Gostei dele."

Falei: "Eu não o conheço."

Ele disse: "Confie em mim, ele é boa gente. Não vai tentar nada de errado com você e ama a nossa mãe, de verdade."

7

Tinha chegado a hora de Vovó voltar para Stamps. Meu coração batia tão alto que imaginei que fosse explodir. Eu havia passado tanto tempo com ela que não conseguia imaginar um nascer do sol sem a minha avó passando vaselina nos meus braços e escovando meu cabelo. Mas lá estávamos nós na estação de trem, Lady, Bailey e eu. Abraçamos Vovó na plataforma e Bailey a acompanhou até o vagão carregando sua mala. Pela janela, eu o vi inclinar-se na direção dela enquanto as rodas começavam a girar lentamente. Corri até a porta, gritando: "Bailey, o trem está partindo!"

Comecei a subir os degraus e minha mãe me segurou pela manga do casaco. "Saia já desse trem. Agora." Bailey veio até a porta e saltou com facilidade dos degraus do trem para a plataforma.

Ele abriu um sorriso largo. "Aqui estou eu." Virou-se na direção do trem, que estava ganhando velocidade. Acenou.

"Tchau, Momma! Boa viagem!" Ele se virou para Mamãe em busca de aprovação e ela sorriu.

Ele segurou minha mão. "Vamos, My. Estamos perto de casa, né?"

"É."

Ele disse: "A gente se vê em casa, Mãe. Vamos a pé. A gente se vê em casa."

Ela respondeu: "Certo."

Sim, ele a chamava de Mãe, mas estava voltando para casa a pé comigo. Eu estava acostumada a fazer tudo o que Bailey queria, e sabia que ela ainda precisava se acostumar com Bailey levando todo mundo na conversa.

Ele começou a correr e fui atrás dele. Estava feliz por ter meu irmão e uma mulher de quem eu estava começando a gostar, quem sabe até a amar. Talvez a vida acabasse entrando nos eixos, afinal.

Mamãe pediu para sairmos do quarto e sentamos na cozinha do andar de cima. Eu viria a aprender que, sempre que tinha algo importante a dizer, primeiro ela pedia para sentarmos e em seguida falava: "Tenho uma coisa a dizer." Mais tarde, quando ela não podia nos ouvir, Bailey a imitaria: "Senta, tenho uma coisa a dizer."

Ela sempre tinha alguma coisa a dizer. Trouxera refrigerantes da geladeira de baixo. Pediu que eu enchesse dois copos com gelo e mandou Bailey descer para avisar Papa Ford que ela queria um drinque e que Bailey iria trazê-lo.

Papa Ford era o faxineiro e cozinheiro que morava com a gente.

Sem me dirigir a palavra, ela encheu nossos copos com refrigerante. Quando Bailey voltou com o drinque de uísque com gelo, ela fez tintim com nossos copos e disse: "Agora vocês dizem 'Skoal'." Obedecemos.

Depois ela sentou. "Clidell Jackson é de Slayton, Texas. Ele estudou até o terceiro ano primário. Mal sabe ler e escrever, mas é considerado um dos melhores apostadores da Costa Oeste. Além disso, nunca trapaceia nem permite que nenhum trapaceiro entre em qualquer uma de suas casas de jogos. É um homem bondoso, alguém que admiro e que quero próximo dos meus filhos.

"Lembrem-se disso: a coisa mais importante que vocês podem ter é sua reputação. Não roupas, nem dinheiro, nem os carrões que vocês um dia venham a dirigir. Se sua reputação for boa, vocês podem conquistar qualquer coisa que quiserem no mundo. Eu sei que a sua Vó Henderson já disse isso a vocês — talvez não com as mesmas palavras, mas tenho certeza de que, morando aqui, comigo e com Papai Clidell, vocês vão aprender que nós não mentimos, não trapaceamos e rimos um bocado. Em primeiro lugar, de nós mesmos, depois, um do outro.

"Papa Ford limpa e cozinha e manda as roupas para lavar e secar. Vocês vão limpar seus próprios quartos e respeitá-lo. Ele é um trabalhador, não um escravo."

Eu estava começando a gostar dela.

Papai Clidell, Papa Ford, Bailey e eu estávamos de pé diante da mesa da cozinha, esperando Mamãe terminar. Ela foi até a porta e anunciou: "Venham todos para a sala de jantar." Bailey e eu nos entreolhamos, sem entender nada. Só sentávamos na sala de jantar aos domingos ou quando tínhamos visitas.

"Entrem, eu tenho uma coisa a dizer."

Papai Clidell sentou, e o restante de nós sentou em seus lugares, que, como de costume, estavam postos.

Mamãe fez um gesto para pararmos o ritual de abençoar a comida.

"Não, não, nada disso", disse ela. "Entendi que Maya não quer me chamar de Mãe. Ela escolheu outro nome para mim. Parece que eu não me encaixo na imagem dela de mãe." Todos me olharam com ar de desaprovação, inclusive Bailey. "Ela quer me chamar de 'Lady'." Ela aguardou um segundo e depois disse: "E eu gostei. Ela disse que sou linda e generosa, portanto pareço uma verdadeira madame. De agora em diante, Júnior, você pode me chamar de Lady. Na verdade, vou começar a me apresentar para os outros como Lady Jackson. Todo mundo tem o direito de ser chamado do que quiser. Eu quero que me chamem de Lady."

Bailey interrompeu o que ela dizia. "Então eu quero ser chamado de Bailey. Odeio Júnior. Não sou uma criancinha."

Houve alguns segundos de silêncio.

"Então é assim que você vai ser chamado. Clidell, e você?"

"Vou continuar sendo o Papai Clidell."

Papa Ford disse: "Vou continuar sendo Papa Ford. Dito isso, posso chamar todos vocês para virem jantar na mesa da cozinha? Já está pronto o que podemos chamar de Jantar."

Todo mundo riu, e o que corria o risco de ter sido uma sessão tensa se tornou leve, apesar de séria.

Sorri para "Lady", que encarou com graça a apresentação do seu novo nome à família. Era difícil resistir a ela.

8

Atendi o telefone e falei "Alô". Lady me disse: "Oi, meu amor. Saí em liberdade provisória."

Eu não entendi o que ela queria dizer, mas parecia bom, portanto eu disse: "Fico feliz." Ela pediu para falar com meu pai, então passei o telefone para ele.

Uns dois meses depois, descobri o que significava "liberdade provisória". Ela havia sido presa por jogar e liberada sem pagamento de fiança.

Numa manhã de domingo, algumas semanas depois, ela foi presa de novo e dessa vez tivemos de pagar fiança para que saísse da cadeia. Uma conhecida tinha ido com ela para a igreja. Depois da missa, as duas foram a um supermercado. Mamãe pegou o que queria e sua amiga apanhou algo, pagou e, então, as duas foram esperar por seus carros na frente do supermercado. A mulher abriu o casaco e mostrou à minha mãe que tinha roubado um pacote de um quilo de café. Minha mãe disse: "Não seja idiota. Devolva isso."

A mulher respondeu: "Eu roubei isso aqui. Pode ficar com metade, se quiser."

Minha mãe falou: "Devolva, senão eu mesma vou dar um jeito em você."

A mulher disse: "Você tá brincando?"

Minha mãe bateu nela, a polícia foi chamada e as duas foram parar na cadeia. Ela não telefonou para mim, mas para Boyd Puccinelli, um agente de fianças que era também seu amigo.

Quando ela voltou para casa, falei: "Sinto muito por você não ter sido liberada sem fiança e por terem de pagar para te tirar da cadeia."

Ela respondeu: "Isso não é nada. Não gosto de ir presa porque desperdiço meu tempo. Mas isso não me assusta; a cadeia foi feita para pessoas, não para cavalos. Agora, o diabo me carregue se eu parar na cadeia por roubar um pacote ridículo de café."

Bailey e eu aprendemos sem grandes complicações os costumes da cidade grande de Vivian Baxter. No geral, Bailey estava mais disposto que eu a se integrar à vida da nossa mãe. Na maior parte do tempo, ele a adorava e demonstrava a alegria de estar ao lado dela rindo e fazendo piadas. Porém, nas raras vezes em que ele se lembrava das noites solitárias no Arkansas, sua personalidade irada vinha à tona.

Ele falava alto e com raiva, e saía dos cômodos batendo portas. Nunca ia longe demais, sabendo que Vivian revidaria se ele ultrapassasse os limites de boas maneiras que ela impusera. Porém, de vez em quando, ele deixava claro para ela que não tinha esquecido que fora abandonado.

Eu tinha quase catorze anos e morava com minha mãe e meu padrasto havia alguns meses. Lady descobriu que eu não mentia com facilidade. Não porque eu fosse uma santa, mas simplesmente porque eu era orgulhosa demais para ser pega na mentira e obrigada a pedir desculpas. Lady tampouco mentia, mas explicou que, na realidade, era porque ela era malvada demais para mentir.

Ela admirava minha decisão de contar a verdade a todo custo. Entregou a mim uma chave do armário no qual guardava milhares de dólares e caixas de bebidas. Estávamos na época da Segunda Guerra, quando uísque era não só raro e caro, como também racionado. Então ela sempre guardava a bebida trancada num armário com o dinheiro.

Um dia, de manhã, eu estava sentada na cozinha com Mamãe e cinco ou seis mulheres que trabalhavam em seus cassinos.

Mamãe disse ao grupo: "A bebida anda sumindo do meu armário e só Papa Ford e Maya têm uma chave, além de mim e Papai Clidell."

Olhou para mim e disse: "Então, meu amor, você anda bebendo meu uísque?" E eu respondi: "Não."

"Está bem", disse ela e continuou a conversa como se nada tivesse acontecido. No entanto, quando resolvi me levantar, ela falou, "Tudo bem, querida, pode ir. Acredito em você. Você disse que não sabe nada sobre o uísque."

"Espere um pouco, não falei que não sabia nada, só disse que não andava bebendo seu uísque."

Ela disse: "Ah, sente-se." E eu me sentei. Ela perguntou: "E então?"

"Ando levando um pouco de uísque para o cinema New Fillmore aos domingos."

"Como assim?"

"Ponho um pouco de uísque num frasco de vidro e levo comigo para o cinema no domingo."

"E o que você faz com ele?"

"Dou para o pessoal. Quero que gostem de mim."

"Você anda tirando a minha bebida de casa e levando para o cinema para dar a menores de idade? Você tem noção do tamanho dessa burrice? Tem noção de quanto dinheiro isso me custa e que posso ir para a cadeia por causa disso?"

Ela estava me envergonhando na frente das mulheres.

"Por favor, Lady, não faça drama por causa disso. Cada garrafa só tem dezesseis doses e cada dose custa apenas um dólar e vinte e cinco centavos."

Ela esticou o braço por cima da mesa e tentou me dar um tapa, mas seu braço era curto demais. Se tivesse conseguido, aquela teria sido uma das três vezes em que ela me bateu na vida. Eu me levantei. Não conseguia acreditar que ela teria sido capaz de me estapear na frente daquelas mulheres.

"E você tem noção do tamanho dessa burrice?"

Murmurei e subi para o meu quarto. Sentei na cama e pensei: O que vou fazer agora? Eu estava errada. Tinha roubado o uísque dela e passado vergonha na frente de pessoas que só eram um pouco mais velhas do que eu. Esperei que minha mãe viesse atrás de mim, mas isso não aconteceu.

Quando Bailey chegou em casa, eu o chamei até meu quarto e contei o que tinha dito e o que tinha feito. Bailey, minha dádiva, meu irmão, meu coração, meu Reino de Deus na Terra, disse: "Você é uma burra." Isso me fez desatar no choro. E acrescentou: "Você entende que isso é contra a lei, que está custando muito dinheiro para nossa mãe e que ela pode ser presa por você estar levando bebida para menores de idade? É muita burrice." E saiu do quarto.

Então, dessa vez chorei de verdade. Quando me acalmei, decidi que tinha chegado minha vez de pedir desculpas a Vivian Baxter.

Eu me recompus e esperei até ter certeza de que as outras pessoas tinham ido embora. Bati à porta do seu quarto e ela disse: "Entre."

Entrei e disse: "Quero falar com você." Ela estava fria como um iceberg.

Falou: "Sim?"

Eu disse: "Estava errada e peço perdão. Nunca mais vou fazer nada parecido. Não pensei direito e peço desculpas."

Ela amoleceu como um cubo de gelo numa panela sob fogo ardente e disse: "Aceito suas desculpas."

Ela me abraçou, e acho que nunca mais voltamos a falar no assunto. Eu mesma tinha quase me esquecido dele, mas quis compartilhar essa história aqui porque há momentos em que ninguém está com a razão, e, de vez em quando, entre a família e os filhos, ninguém consegue admitir que não existe ninguém certo e que talvez também não exista ninguém errado. Nesse caso, porém, eu estava errada, e sou grata por Vivian Baxter ter tido a grandeza de aceitar minhas desculpas.

9

Nem meu irmão nem eu tínhamos ideia de como era o nosso pai, mas Mamãe achava que ele deveria pelo menos conhecer os filhos. Tomou providências para que fôssemos visitá-lo em San Diego separadamente. Bailey Jr. foi o primeiro a ir, no segundo verão depois que retornamos à Califórnia. Ao voltar, ele fez uma cara feliz quando Mamãe perguntou se tinha gostado da visita.

Falou: "A casa estava limpa e Papai Bailey cozinha bem. Ele e sua mulher gostam de música clássica. Põem Bach e Beethoven para tocar a todo volume na sua vitrola imensa."

Quando estávamos a sós, ele me disse: "Bom, eu já fui uma vez. Não preciso ir de novo."

Eu seria a próxima a visitar meu pai durante três semanas. Ele havia mentido a respeito de mim e da minha idade à sua jovem esposa. Tinha mentido sobre a idade de Bailey também, mas pelo menos Bailey era baixinho e tão encantador que cativou a moça.

Ela e eu tínhamos combinado que nos reconheceríamos graças a cravos vermelhos que colocaríamos na roupa. Loretta foi me apanhar na estação de trem.

Eu a vi primeiro e então senti vontade de sumir e me arrependi por ter ido. Ela era baixinha como Mamãe, só que tinha metade da sua idade. Usava um terninho marrom e branco de tecido canelado e saltos altos bicolores também marrom e branco. E uma bolsa combinando. Ela me viu e olhou duas vezes para o meu cravo. Seu rosto registrou um espanto absoluto. Caminhei até ela, por isso ela foi forçada a admitir que seus olhos não a estavam enganando. Eu era realmente a filha de Bailey Johnson e, consequentemente, apesar de meu tamanho e minha simplicidade, filha dela também.

Falei: "Olá, Sra. Johnson. Sou a Maya, filha do seu marido. Bailey Johnson é meu pai. Como devo chamá-la?" Eu tinha duas vezes o seu tamanho e voz de adulta.

O nome dele arrancou-a de seu choque, que a deixara praticamente imobilizada. Ouvi os cadeados se fechando em sua cabeça. Ela jamais me aceitaria como alguém próximo.

Minha madrasta me levou em seu carro até uma casinha térrea bonitinha. Não puxou conversa durante todo o trajeto. Respondeu a cada pergunta que eu fiz com um mero sim ou não.

Em casa, Bailey Sr. preenchia a sala. Sua esposa sentou no sofá, ainda envolta em silêncio.

Meu pai me disse: "Quer dizer que você é a Marguerite. Você se parece com a minha mãe. Fez boa viagem? Olha só; você é quase da minha altura." Sua mulher olhou para ele, mas não disse nada. Eu não estava sendo elogiada. O comentário me deu a impressão de que ele desejava que eu pedisse desculpas pela minha altura.

Nas três semanas seguintes de verão em National City, Califórnia, as relações não melhoraram na casa de Bailey Johnson Sr.

Meu pai e Loretta saíam para trabalhar no mesmo horário todas as manhãs. Falavam pouco comigo. Encontrei a biblioteca mais próxima e, como havia descoberto Thomas Wolfe recentemente, li *You Can't Go Home Again* e *Look Homeward, Angel*.

Fui cuidadosa com o dinheiro que Mamãe tinha me dado para as férias. O zoológico de San Diego era barato, e o preço das matinês de cinema, razoável.

Descobri muito pouco sobre minha madrasta. Ela se formara na Prairie View A&M University, uma universidade negra extremamente respeitada. Seus graduandos eram conhecidos por sentirem extremo orgulho da sua história. Meu pai era nutricionista na base naval. Voltava para casa com grandes pacotes de presunto, mortadela e peru finamente fatiados. As carnes pareciam do tipo que se compra no supermercado, porém não vinham embrulhadas em papel de supermercado. Eu odiava pensar que meu pai pudesse estar roubando comida do trabalho, mas parecia que era esse o caso.

Telefonei duas vezes para minha mãe e contei que estava tudo bem. Ela não conhecia direito minha voz ao telefone para duvidar do que eu dizia.

Aquele longo, quente e detestável verão em San Diego estava quase chegando ao fim. Eu me sentia ansiosa para ir embora da casa tensa e pouco amistosa do meu pai.

Queria voltar para minha mãe, para minha casa e para seus cômodos repletos de risadas e jazz a todo volume.

Na minha última semana no sul da Califórnia, meu pai avisou que iria me levar para o México. Loretta e eu concordávamos nisso: ela não queria que ele me levasse, e eu não queria ir.

Meu pai me levou de carro até uma cidadezinha a uns sessenta quilômetros de Tijuana. Paramos em um bar. Eu sabia que ele falava espanhol, mas fiquei surpresa ao ver quanto era fluente. Depois de estudar espanhol por dois anos, senti um pouco de inveja por ele falar tão melhor do que eu. Ele entrou no bar e me deixou no carro. Resolvi que entraria também e pediria para ele me levar para casa, mas, antes que eu pudesse me mexer, ele voltou com uma mulher e duas criancinhas que se pareciam comigo e com meu irmão. Eles sorriram e me cumprimentaram em espanhol. Meu pai pegou as crianças no colo e lhes fez festa.

Ele pediu para eu me juntar a ele e à família mexicana no bar. Sentou num reservado, conversou com a mulher e bebeu até ficar torto. Estava escurecendo, e eu comecei a me sentir bastante incomodada.

A mãe das crianças tinha mandado que elas saíssem dali e pedi que ela me ajudasse a carregar meu pai para o carro. Abri a porta de trás e nós duas o empurramos para o banco. Ele entrou cambaleante e caiu no sono imediatamente.

Sentei no banco do motorista e agradeci à mulher. Nunca tinha feito uma aula de direção, mas já observara as pessoas trocando as marchas. Pisei na embreagem e engatei uma marcha, o carro deu um pulo, engasgou e seguiu em frente. Descobri que era melhor não tirar o pé da embreagem de uma vez, e sim aos poucos. Fui dirigindo.

Às vezes o carro quase parava e eu aguardava um instante, depois punha depressa um pé na embreagem e devagarinho punha o outro pé no acelerador e então levantava o pé da embreagem bem de leve. A estrada circundava uma montanha. Eu não tinha ideia do que faria se algum outro carro viesse na minha direção. Isso, porém, não aconteceu, e finalmente terminei de descer a montanha e retornei à fronteira.

Um dos guardas, que tinha visto a mim e meu pai passarmos por ali mais cedo, aproximou-se assobiando e flertando comigo. Olhou para dentro do carro e me perguntou em espanhol: "Ele está bêbado, hein?" Eu não conhecia a palavra para bêbado, mas, pelo jeito como ele sorriu, dava para ver que ele sabia.

Respondi: "*Sí*, como sempre."

Dirigi da fronteira até a casa do meu pai e saí do carro. Loretta estava fula da vida.

Meu pai acordou o suficiente para entrar em casa se arrastando e passou direto pela mulher até o quarto.

Ela descontou a raiva que sentia dele em mim. "Você deixou seu pai bêbado. Você é tão idiota! Vocês dois são tão idiotas!"

Depois ela acrescentou: "Você é nojenta."

Ela estava sendo mal-educada, eu falei, e continuei: "Bom, vou voltar para a casa da minha mãe amanhã."

Ela se irritou ainda mais: "Pode voltar para a casa dela agora mesmo. Aquela piranha."

Pulei em cima dela. "Não fale assim da minha mãe!" Ela, que estava com sua tesoura de costura na mão, me cortou.

Ela me entregou uma toalha para que eu amarrasse na cintura e depois acordou o meu pai. Com ressaca, fedendo e cambaleando, ele me levou para a casa de um amigo, onde colocaram curativos no corte.

Meu pai me deixou lá e, depois de uma conversa breve e tensa, seu amigo foi dormir. Fiquei acordada a noite inteira. Na manhã seguinte, meu pai veio ver como eu estava. Seu amigo tinha saído para trabalhar. A única coisa que ele disse foi: "Não se preocupe. Não vou deixar Loretta te cortar de novo." Ele sorria como se aquele incidente não tivesse importância, e eu não gostei do jeito como ele me abraçou e disse: "Não precisa voltar para sua casa. Vou tomar conta de você." Ele saiu, mas não encontrei nenhum consolo em suas palavras. Sabia que ele não queria cuidar de mim da maneira como eu precisava ser cuidada.

Preparei um sanduíche gigantesco para mim e fui embora. Ainda tinha as chaves da casa do meu pai. Sabia que ele e a esposa estavam no trabalho. Entrei em casa, apanhei algumas roupas e coloquei tudo em uma maleta. Não fui cuidadosa na escolha das roupas porque queria dar o fora dali o mais depressa possível.

Deixei as chaves deles sobre a mesinha do hall e fechei a porta atrás de mim. Fui até o terminal rodoviário e guardei a mala em um armário, depois saí caminhando pelas ruas ensolaradas de San Diego. Estava empolgada e não sentia medo nenhum, prova de que eu era jovem demais para entender a situação difícil em que eu estava.

Caminhei pelas ruas até encontrar um ferro-velho. Depois de fuçar um pouco, descobri um carro limpo que, imaginei, daria um bom lugar para dormir. Como ainda me restava um pouco do dinheiro que Mamãe me dera, fui assistir a uma matinê.

Quando começou a escurecer, voltei para o ferro-velho. Dessa vez, descobri um carro melhor e mais limpo. Assim que caí no sono, um barulho me despertou. Sentei e olhei pelas janelas; uns quinze adolescentes rodeavam o carro. Perguntaram: "Quem é você? Para onde está indo? O que está fazendo e por que está aqui?"

Abri a janela e respondi que eu não tinha casa e que ia dormir naquele carro.

Eles disseram: "Todos nós dormimos aqui." Havia jovens brancos, negros e hispânicos. Por motivos variados, eles também não tinham onde dormir. Permitiram que eu me juntasse a eles.

Fiz amizade com uma garota chamada Bea, minha primeira amiga branca. Ela era igual a mim, mas, aos dezessete, um pouco mais velha e muito mais sábia. Os jovens trabalhavam todos juntos. As garotas tinham de encontrar garrafas de Coca-Cola, 7-Up e RC Cola e trocar por dinheiro. Os rapazes trabalhavam aparando a grama dos jardins e realizando pequenas tarefas para as pessoas. Havia uma padaria em que um zelador negro nos dava sacolas cheias de biscoitos quebrados e pãezinhos amanhecidos. Comprávamos leite no supermercado. Depois todos comiam e se divertiam. Achei aquela uma maneira maravilhosa de se viver. Fui apanhar minha mala na rodoviária e lavei minhas roupas em uma Laundromat junto com as outras meninas. Queria ficar ali até minha ferida cicatrizar, porque, se minha mãe visse que eu tinha sido cortada, alguém pagaria por isso.

Quando cicatrizou, telefonei para ela e avisei que estava pronta para voltar para casa. Disse que, se ela enviasse uma passagem para a estação, eu pegaria o trem de volta. Foi o que ela fez, e voltei para São Francisco, pondo um fim naquele terrível e estranho verão.

10

Quando finalmente cheguei a São Francisco, minha mãe disse: "Você sabe que chegou tarde para o início das aulas, mas você está um semestre e meio adiantada na escola. Se não quiser frequentar as aulas este semestre, tudo bem, mas você vai ter de arrumar um emprego."

Eu falei: "Vou arrumar um emprego."

"O que você quer fazer?"

Respondi: "Quero ser condutora de bonde." Eu já tinha visto mulheres nos bondes com seus cintinhos de trocados, aventais, uniformes ajustados e bonés. Não me ocorreu que todas elas eram brancas. Simplesmente disse à minha mãe que queria ser condutora.

Ela falou: "Então vá se candidatar ao emprego."

Fui ao escritório da empresa, mas ninguém sequer quis me entregar uma ficha de inscrição. De volta para casa, contei tudo à minha mãe. Ela perguntou: "Por que não? Você sabe por que não quiseram te entregar uma ficha?"

"Sei, porque sou negra."

Ela perguntou: "Mas, apesar disso, você quer esse emprego?"

"Quero."

Ela disse: "*Então corra atrás*. Você sabe pedir boa comida num restaurante. Vou te dar dinheiro para isso. Esteja no escritório antes de as secretárias chegarem. Quando elas entrarem, entre e sente. Leve um daqueles seus livros russos grossos." Eu estava lendo Tolstói e Dostoiévski.

"Aí, quando elas forem almoçar, vá almoçar também, mas deixe que elas saiam primeiro. Faça um almoço rápido, volte e esteja lá antes delas voltarem."

Foi exatamente o que eu fiz.

Foi uma das experiências mais repugnantes, horríveis e estranhas de que consigo me lembrar. Conhecia algumas das garotas da George Washington High School e já tinha ajudado algumas delas com a lição de casa. Elas haviam se formado no ensino médio e conseguiram emprego no escritório no qual agora eu estava sentada. Passavam por mim rindo, fazendo caretas e beicinhos, zombando dos meus traços e do meu cabelo. Sussurravam palavras terríveis, pejorativas, por causa da minha cor.

No terceiro dia, senti vontade de ficar em casa, mas não consegui encarar Vivian Baxter. Não podia confessar que eu não era tão forte quanto ela imaginava.

Levei aquilo durante duas semanas, até que um homem que eu nunca tinha visto antes me chamou até sua sala. Perguntou: "Por que você quer um emprego na companhia de trilhos urbanos?"

Respondi: "Porque eu gosto de uniformes e gosto de pessoas"

Ele continuou: "Que experiência você tem?"

Fui obrigada a mentir: "Fui motorista da Sra. Annie Henderson em Stamps, Arkansas." Minha avó poucas vezes entrara em um carro na vida, tampouco tivera um motorista.

Mas eu consegui o emprego, e os jornais declararam: "Maya Johnson é a primeira pessoa negra americana a trabalhar nos bondes."

Infelizmente, mais tarde um homem foi até a sede do jornal e disse que eu não era a primeira pessoa negra a trabalhar ali, que ele trabalhava lá havia vinte anos. Ele passava por branco. Foi despedido. A empresa explicou que foi por ele ter mentido ao se candidatar ao emprego.

Consegui o cargo, e um exaustivo turno dividido de trabalho. Eu devia trabalhar das quatro às oito da manhã e depois da uma às cinco da tarde. Eu sabia que a plataforma central dos bondes ficava perto da praia e precisava encontrar um jeito de chegar ali antes das quatro da manhã.

Minha mãe disse: "Não se preocupe com isso. Eu te levo."

No primeiro dia, quando meu uniforme chegou e coube em mim com perfeição, me senti como uma mulher. Minha mãe, que havia me preparado um banho de imersão, me acordou e me elogiou pelo uniforme. Entramos em seu carro e ela me levou até a praia. Quando agradeci e disse "Volte para casa e se cuide", ela retrucou: "Quero cuidar de nós duas." Pela primeira vez notei a pistola no assento. Ela disse que acompanharia o bonde até amanhecer, depois buzinaria e me mandaria um beijo no ar, daria meia-volta e voltaria para casa.

Durante todos os meses em que trabalhei no bonde, a rotina da minha mãe não se alterou. Deixei o emprego quando chegou a hora de retornar à escola.

Minha mãe me chamou para tomar uma xícara de café com ela na cozinha.

Ela disse: "Então, você conseguiu o emprego e eu também consegui o emprego. Você foi condutora e eu, sua guarda-costas todos os dias até amanhecer. O que você aprendeu com essa experiência?"

"Aprendi que você provavelmente foi a melhor proteção que eu terei na minha vida."

Ela perguntou: "E o que você aprendeu sobre si mesma?"

Falei: "Aprendi que não tenho medo de trabalhar, basicamente isso."

Ela disse: "Não, você aprendeu que tem poder — poder e determinação. Eu te amo e tenho orgulho de você. Com essas duas coisas, você pode ir a qualquer lugar."

11

Aos quinze anos, eu tinha permissão para ficar na rua até as onze da noite somente se Bailey estivesse comigo. Mamãe sabia que ele não apenas me diria o que fazer, como também diria aos outros o que eles podiam e não podiam fazer, comigo e perto de mim.

Os adolescentes do Booker T. Washington Center eram inquietos. Certa noite, os diretores se recusaram a nos deixar fazer um baile porque tínhamos feito um na noite anterior e só podíamos organizar um baile por semana.

Um grito se ergueu acima das nossas cabeças. "Vamos para o Mission District comer tamales!"

Outra pessoa gritou: "Vamos para o Mission District destruir umas dúzias de tacos e tamales!" Houve um urro alto de concordância e fui arrastada junto. Já estávamos nos arredores de Fillmore District quando percebi que Bailey não estava lá. Ele não viera comigo ao centro naquela noite.

Eu sabia o que deveria fazer, mas não consegui reunir forças para dizer que precisava ir embora e voltar para casa. Fomos de bonde até o grande bairro mexicano.

O aroma que vinha dos bares e a música das bandas de mariachis nos chamavam. Dançamos nas ruas. Garotos e garotas se paqueravam e, em seguida, pediam mais tacos e tamales. Todos nós falávamos um pouco de espanhol, mas agíamos como se falássemos muito. Alguém avisou que era uma da manhã.

A enormidade do meu atraso me deixou muda. Quando encontrei minha voz, disse: "Preciso ir para casa."

Vozes alarmadas se juntaram à minha.

"Meu Deus, como é que ficou tão tarde?"

"Vão me matar."

"Meu Deus, que tipo de mentira posso inventar desta vez?"

Contamos nosso dinheiro, mas não tínhamos o bastante para passagens de bonde para todos chegarem em casa em segurança. Com outras duas garotas e um rapaz, voltei para casa a pé de Mission District até Fillmore District.

Era uma longa caminhada e, apesar de começarmos com medo, fomos relaxando à medida que íamos chegando mais perto de casa. E só então percebemos o absurdo da nossa situação. Acabaríamos encrencados só por causa de uns tacos e tamales, dos quais nem precisávamos, e isso nos fez cair na gargalhada. Tamales e tacos fizeram a gente quebrar as regras.

Eu me separei dos meus amigos e caminhei o último quarteirão até minha casa o mais depressa que pude. Ainda estava de bom humor, por isso subi correndo os dois degraus de mármore até as portas francesas. Quando enfiei a chave na fechadura e empurrei a porta, ela foi empurrada para trás na minha direção com uma força enorme.

Minha mãe saiu para o patamar, segurando um molho de chaves no punho fechado. Ela disse: "Que diabos!" E me deu um tapa no rosto.

Enquanto eu berrava, agarrou meu casaco e me empurrou para dentro de casa. Começou a xingar e gritar comigo e com as paredes e as janelas.

"Onde diabos você estava? Até as putas já foram se deitar e minha filha de quinze anos ficou andando por aí pelas ruas!"

Senti o gosto de sangue quando ele deslizou para dentro da minha boca. Mamãe continuou esbravejando e ouvi portas se abrirem e vozes.

"Lady, você está bem?"

Meu padrasto: "O que está acontecendo? Estou indo até aí."

Papa Ford chegou arrastando os pés pelo corredor com seu robe de algodão. "O que está acontecendo? O que é que está acontecendo, Vivian?"

No momento crítico, ele deixou de ser o mordomo, o cozinheiro, o criado, para tornar-se o pai dela, ou tio idolatrado. Ele me perguntou: "Onde diabos você estava?"

Eu chorava tanto que não conseguia responder.

De repente Bailey apareceu, também de robe, também calmo e controlado. Ele viu o meu rosto e ouviu as broncas da minha mãe. Então, disse, cheio de autoridade, "Venha, Maya. Suba. Vou pegar umas toalhas. Vá para o seu quarto."

Eu o segui até o andar de cima e fui para o meu quarto. Estava sentada na cama quando ele voltou trazendo numa das mãos uma toalha morna e úmida e, na outra, uma seca e macia. Ele disse: "Não tente falar. Fique calma e limpe o rosto. Vou voltar para o meu quarto. Não se preocupe com nada. Vou pensar no que podemos fazer."

Eu me limpei e consegui relaxar porque meu irmão mais velho estava no comando. Não percebi a ironia de, aos quinze anos, eu ter 1,82m, enquanto Bailey, aos dezessete, tinha 1,65m.

Na manhã seguinte, a imagem no espelho do banheiro me chocou. Meus olhos estavam pretos, e meus lábios, inchados. Eu tinha começado a chorar de novo quando Bailey apareceu com a mala.

Ele disse: "Você está horrível. Sinto muito, Maya. Venha." Ele me guiou para fora do banheiro até o meu quarto.

"Coloque duas mudas de roupas de baixo, duas saias e dois suéteres nessa mala. Nós vamos embora deste lugar."

Encontrei algumas roupas, dobrei-as e coloquei tudo na mala, que ele fechou.

"Pra onde a gente vai?"

"Ainda não sei direito, mas para qualquer lugar longe daqui."

Desci as escadas atrás dele. Lá embaixo, minha mãe esperava com as mãos nos quadris.

"Aonde diabos vocês dois pensam que vão?"

Antes que Bailey pudesse responder, ela ergueu os olhos para os degraus e me viu. Deu um grito e cambaleou como se fosse cair.

Ela disse: "Minha filhinha, ah, minha filhinha! Venha aqui! Me desculpe!"

Bailey olhou duro para ela. "Nós vamos embora desta casa. Ninguém, mas ninguém, espanca minha irmã caçula." Bailey segurou minha mão.

Mamãe disse: "Meu amor, eu sinto muito, me desculpe."

Bailey disse: "Maya, vamos!"

Minha mãe se virou para Bailey e falou: "Por favor, me deem uma chance. Por favor. Venham para a cozinha e me deem uma chance."

Nós a seguimos até a cozinha, onde meu padrasto e Papa Ford estavam tomando café. Os dois olharam para mim, e o choque em seus rostos foi inegável.

Minha mãe pediu: "Vocês poderiam, por favor, ir para a sala de jantar ou de estar? Preciso conversar com meus filhos."

Nós três fomos deixados a sós no ar morno e aromático da cozinha. Minha mãe apanhou um pano de prato de uma prateleira e o colocou no chão. Pediu que eu e Bailey sentássemos nas cadeiras da cozinha. Vivian Baxter se ajoelhou e rezou pedindo perdão a Deus e, em seguida, na mesma voz trêmula, implorou que eu a perdoasse.

"Eu fiquei louca. Estava fora de mim. Eu me lembrei do que aquele canalha fez com você quando você tinha sete anos de idade. Não conseguia nem imaginar que outra pessoa pudesse levar você, abusar de você, talvez até te matar. Eu tinha acabado de sair do seu quarto vazio quando desci as escadas e, de repente, topei com você abrindo a porta, com um sorriso no rosto. Eu estava segurando o molho com no mínimo vinte chaves e te bati com ele sem pensar."

Ela se virou para Bailey. "Eu não quis machucar sua irmã. Me perdoe, eu te imploro." Então ela começou um choro tão sentido que Bailey e eu saímos das nossas cadeiras e nos juntamos a ela no chão, onde a aninhamos em nossos braços.

Mamãe resistiu a nossas tentativas de encorajá-la a se levantar, então subimos até nossos quartos. Bailey disse: "Ela é uma mulher forte, uma mulher muito forte."

"Queria que ela tivesse se ajoelhado e pedido desculpas na frente de Papai Clidell e Papa Ford."

"Não, ela não poderia fazer isso. Isso arrancaria parte do poder que ela tem sobre eles."

"Bom, nós arrancamos o poder que ela tinha sobre a gente."

"Não arrancamos, não, querida. Foi ela que o entregou a nós."

12

Bailey bateu à porta do meu quarto. Quando vi seu rosto, soube que o Armagedon tinha chegado. "O que foi?"

Ele me empurrou para o lado e entrou no meu quarto. "Estou indo embora. Vou me alistar no Exército ou na Marinha." Ele andara chorando. "Estou na idade: tenho dezessete anos."

"Por quê? Você vai se formar na escola no mês que vem! Por quê?"

"Não vou esperar tudo isso."

"Foi alguma coisa que Lady fez?"

Ele disse: "Eu devia ter voltado junto com a Vovó. Ela precisa de mim."

"Lady precisa de você", falei. "Ela te adora. Você precisa ver como ela te olha."

"Ela tem Papai Clidell e Papa Ford e você e... e... sabe, aquele cara chamado Buddy?"

Buddy era uma visita frequente, que costumava dominar as conversas, contando piadas e tirando sarro dos políticos da região. Tanto Lady como Papai Clidell se divertiam com Buddy.

"O que tem o Buddy... O quê?"

Bailey perguntou: "Já reparou como ela olha para ele?"

"Não."

"Bom, eu já, e não me surpreenderia se os dois andassem fazendo aquilo num motel."

Eu disse: "Bailey, você devia se envergonhar. Você acha que nossa mãe está cometendo adultério?"

"Eu não diria que é impossível para ela. Afinal, ela nos deixou, não é? Abandonou seus próprios filhos. Por que não seria capaz de cometer adultério?"

"Bailey, me diga de uma vez: você viu alguma coisa para ter certeza?"

"Não exatamente, só o jeito como ela olha para ele."

"Bom, não acredito nisso. Estou começando a gostar muito dela e não acho que ela trairia Papai Clidell."

Ele abriu a porta do meu quarto e virou-se para olhar para mim, quase sarcástico.

"Você teria de ser homem para entender, e você não passa de uma menina." Ele saiu batendo a porta.

Eu não sabia o que fazer. Obviamente, não podia delatar meu irmão. A única coisa que eu podia fazer era tentar convencê-lo a desistir da decisão de se alistar. Fui até o seu quarto, mas ele não abriu a porta. Bailey me evitou durante um mês. Então, certa noite, na mesa do jantar, ele disse: "Tenho um aviso a dar!"

Colocou uns papéis sobre a mesa.

"Eu me alistei na Marinha Mercante. Passei nos testes e nos exames físicos. Vou partir em breve."

Mamãe estendeu o braço para pegar os papéis, mas depressa ele os apanhou de volta.

Ela disse: "Você não pode ir. Eu não vou deixar."

"Já está decidido. Sou maior de idade. De qualquer maneira, é tarde demais. Já fiz meu juramento."

Mamãe tornou a sentar na sua cadeira. "Por quê? Você vai se formar na escola daqui a poucas semanas. Acabei de comprar roupas novas para usar na ocasião."

Bailey disse: "Como sempre, você acha que tudo gira ao seu redor."

"Mas por quê? Por quê? Maya, você estava sabendo disso?"

Bailey olhou para mim e disse: "My não sabia de nada disso. Isso é só da minha conta, mas quem sabe você possa falar de mim para o Buddy."

Vivian ficou surpresa. "Você está bravo comigo? Por quê? O que foi que eu te fiz? O que o Buddy tem a ver com você se alistar?"

Bailey olhou para Mamãe com desdém. Eu senti pena dela e dele.

Semanas depois, Bailey se foi. Mamãe e eu sentimos muitas saudades dele, mas era dolorido demais conversar sobre a sua ausência, por isso nunca falávamos no assunto.

Ela se pôs a fazer as malas para uma viagem de dois meses. Precisava voltar ao Alasca para inspecionar algumas casas de jogos que ela e Papai Clidell tinham na cidade de Nome.

13

Eu estava ansiosa por não ter me desenvolvido como as outras meninas. Eu não tinha seios, seios realmente fartos. Tinha uns montinhos no peito, mas nada substancial. Minhas nádegas eram retas; minhas pernas eram muito finas e muito compridas. Minha voz era grave. Para aumentar meus desgostos, eu achava que, quando crescesse, seria lésbica. Tinha lido um livro chamado *O poço da solidão*, supostamente escrito por uma lésbica. Ela era extremamente infeliz, e suas amigas lésbicas também eram. Meu vagaroso desenvolvimento físico me levava a pensar que eu poderia me tornar lésbica e infeliz. Com certeza, não era o que eu desejava.

Por outro lado, nem todos os meninos estavam atrás apenas das garotas bonitas. Alguns deixavam claro que gostariam de fazer amor comigo, ou pelo menos ir para a cama comigo. Eram apenas adolescentes, e era fácil ignorá-los. Mas também tinha o Babe, que morava a um quarteirão da minha casa. Ele tinha dezenove anos e era muito bonito. Eu me apaixonei perdidamente por ele. Durante semanas imaginei como seria me aninhar em seus braços. Sua abordagem costumeira era: "E aí, Maya, quando é que você vai me deixar provar um pouco dessa gostosura alta e comprida?"

Um dia eu estava passando por ele, parei espontaneamente e, antes que ele pudesse falar, eu disse: "Oi, Babe. Ainda quer um pouco dessa gostosura alta e comprida?" Ele quase deixou cair o palito de dente da boca.

Mas ele logo se recompôs. "Claro, vamos lá." Ele tinha um amigo com um quarto que poderíamos usar. Não quis saber por que eu agora resolvera ir com ele. Na verdade, seguimos em silêncio no trajeto pelos poucos quarteirões até o casarão típico de São Francisco. Ele tinha a chave e abriu a porta. No quarto, não houve beijos nem preliminares. Nada de afagos ou sussurros; nada disso. Só "abaixe as calças" e depois sexo.

Eu tinha sido estuprada aos sete anos e tinha visto as partes íntimas do estuprador. Meu irmão tomava muito cuidado para não me deixar vê-lo pelado, portanto eu nunca tinha visto nenhum homem nu a não ser o estuprador. Naquela noite, vi as partes íntimas de Babe de relance e fiquei com vergonha. Eu me arrependi por ter sido tão ousada.

Eu sabia que um dia acabaria contando a Bailey — e sabia que ele iria dizer que, mais uma vez, eu fizera algo idiota.

Babe soltou um ruído alto e depois ficou deitado imóvel. Foi aí que eu soube que o sexo tinha terminado. Ele começou a se levantar e eu perguntei: "É só isso?"

Ele disse: "É."

Eu me vesti, muito desapontada, porque fazer sexo não me dera certeza de que eu era normal e não uma lésbica. Saímos da casa. Eu queria conversar sobre o incidente com meu irmão, mas ele estava na Marinha Mercante e só voltaria a São Francisco dali a vários meses.

Dois meses se passaram e descobri que estava grávida. Liguei para Babe e o convidei a vir até a minha casa. Quando lhe contei que estava grávida, ele agiu como se tivesse quatro anos de idade. Choramingou: "Eu não sou o pai. Não me venha com essa mentira. Não minta para mim."

Então falei: "Pode ir embora." Eu podia ser bastante autoritária quando era jovem. "Pode sair. Saia pelos fundos."

Quando minha mãe voltou para São Francisco e, em seguida, retornou para o Alasca, eu não lhe contei nada sobre a minha gravidez. Tinha medo de que ela me tirasse da escola. Porém, quando Bailey voltou para casa numa folga da Marinha Mercante, eu lhe disse que estava grávida. Ele me advertiu: "Não conte nada para a Mamãe. Ela vai tirar você da escola. Você precisa terminar os estudos agora. Caso contrário, talvez nunca mais consiga voltar a estudar. Pegue esse diploma."

Mamãe fez repetidas viagens ao Alasca para cuidar dos negócios, portanto não me viu desabrochando em uma futura mãe.

Meu padrasto estava por perto e percebeu a diferença, mas não sabia o que estava vendo. Dizia: "Como você está crescendo, está começando a parecer uma jovem mulher."

Eu pensei: Óbvio, estou com mais de oito meses de gravidez.

E Papa Ford, que cozinhava e limpava a casa, não percebeu absolutamente nada.

Frequentei a escola de maneira instável durante todo o verão — às vezes a náusea me obrigava a descer dos bondes —, mas concluí o último ano do ensino médio na escola de verão da Mission High.

O aniversário de Papai Clidell e o Dia da Vitória coincidiram com a minha formatura. Meu pai me levou para um jantar de comemoração e me disse o quanto se orgulhava de ter uma filha formada no ensino médio. Ele recordou que só tinha estudado até a terceira série. Voltamos para casa, subi ao meu quarto e escrevi uma carta.

"Querido Pai, desculpe por ter trazido desrespeito e escândalo para a nossa família, mas estou grávida." Pus a folha de papel em cima do seu travesseiro.

Foi impossível pegar no sono. Eu queria ouvir os passos dele. O que ele iria fazer? Podia me xingar. Não, ele nunca xingava. Por volta das quatro da manhã, ele voltou para casa. Pensei que certamente ele leria aquele bilhete e subiria irritado as escadas. Nada. Tomei banho, depois desisti de tentar dormir e sentei no canto da cama. Às nove horas daquela manhã, ele me chamou lá de baixo.

"Maya, desça. Desça e tome café comigo. Eu li sua carta." Eu estava vestida e nervosa. Ele estava sentado à mesa da cozinha e disse, com o mesmo tom de sempre: "Escute, meu amor, li seu bilhete. Agora, hum, de quantos meses você está grávida?"

Segurei a respiração, depois contei a ele que dali a umas três semanas o bebê iria nascer.

"Certo, vou telefonar para a sua mãe. Ela vai cuidar disso, não se preocupe. Agora, acho melhor você não ficar pulando muito por aí no seu estado. Estou vendo que você não dormiu direito. Volte para a cama."

Surpresa e aliviada, voltei para o meu quarto.

No dia seguinte, minha mãe pegou o avião em Nome. Eu não tinha ideia do que ela iria fazer. Imaginei como ela olharia para mim. Eu tinha 1,82m e estava bastante grávida, além de culpada e com medo. Minha mãe tinha mais ou menos 1,63m e era muito bonita. Ela entrou, olhou para mim e disse: "Oh, você está com mais do que três semanas de gravidez."

Eu disse: "Sim, senhora, são três semanas até o bebê nascer."

Ela disse que Papai Clidell tinha entendido errado e contado a ela pelo telefone que eu estava com três semanas de gravidez e que era melhor ela voltar para casa. Então, olhei para ela e não consegui pensar em nada para dizer.

"Certo. Agora, meu amor, vá preparar um banho para mim." Na nossa família, por algum motivo desconhecido, considerávamos uma honra preparar um banho de espuma perfumado para outra pessoa.

Portanto, eu preparei o banho e, depois que ela entrou, me chamou e disse: "Venha ficar aqui comigo."

Sentei num banquinho no banheiro.

"Você fuma?"

"Sim, senhora, mas não tenho nenhum cigarro aqui."

Ela disse: "Bom, o que você fuma?"

"Pall Malls."

"Certo", disse ela. "Eu fumo Lucky Strikes, mas você pode fumar um dos meus." Então eu fumei um cigarro e depois ela quis saber: "Você sabe quem é o pai?"

"Sim, senhora, mas só fizemos uma vez."

"Você o ama?"

Eu disse: "Não."

"Ele te ama?"

Eu disse: "Não."

"Bom, então está tudo resolvido. Não vamos destruir três vidas. Nós duas — *eu e você* — e esta família vamos ter um bebê maravilhoso. E isso encerra a questão. Obrigada, meu amor. Pode ir."

Saí do banheiro, com lágrimas de alívio banhando meu rosto. Ela não me odiava nem fez com que eu me odiasse. Demonstrou o mesmo respeito que sempre havia demonstrado em relação a mim. Ela se importava comigo e com meu filho. Ela conversou comigo.

Mamãe ficou em casa durante aquelas três semanas, conversando comigo, contando histórias de família sobre bebês, gravidezes e partos. Recordou a noite em que eu nasci. Descreveu quanto tempo ficara em trabalho de parto e como enfiara toalhas na boca para que ninguém ouvisse seus gritos.

Quando começaram as contrações, peguei minha mala de hospital, que ela havia arrumado, e bati à porta do seu quarto. Quando avisei que estava pronta para ir, ela riu e disse: "Ainda não, meu amor, você tem algumas horas.

Elas vão começar devagar e depois virão mais rápido. Não se preocupe. Prometo que vai chegar ao hospital a tempo."

Ela me convidou para entrar em seu quarto e preparou um banho para mim. Deitou-me em sua cama e me depilou para me preparar para o parto.

Vivian Baxter era, entre outras coisas, enfermeira profissional. Nas três semanas em que ficou em casa, ela me levou duas vezes para me consultar com o Dr. Rubinstein, seu médico. Ele calculara a data do parto. Minha mãe telefonou para ele, deixou um recado e me levou para o hospital.

Quando chegamos, vimos duas enfermeiras pelo vidro da porta. Minha mãe disse: "Olhe, essa grandona vai ser bastante alegre e a pequena, azeda como um limão. Aposto cinquenta centavos com você."

As duas mulheres abriram a porta e a gorda disse: "Ah, sejam bem-vindas! Estávamos esperando por ela. Traga-a para cá."

A pequena disse com a voz azeda: "Pensamos que iriam chegar mais cedo." Era como se minha mãe já conhecesse as duas.

Ela lhes contou que era enfermeira e falou do hospital em que tinha trabalhado. Levou-me até a sala de parto. As contrações começaram a vir mais rápido, mas o médico não chegava.

Mamãe chamou uma das enfermeiras e disse que eu já estava depilada e, em seguida, me lavou mais uma vez. Minha mãe subiu na mesa de parto comigo e se ajoelhou. Apoiou uma das minhas pernas no seu ombro e segurou as minhas duas mãos. Então me contou histórias picantes, piadas. Cronometrava os desfechos com as contrações para eu rir. Ela me incentivava: "Isso mesmo, aguente firme, aguente firme." Eu aguentei firme e, quando o bebê começou a sair, ela disse: "Ele está vindo, e tem cabelo preto."

Eu me perguntei: "Que cor de cabelo você achou que ele teria?"

A enfermeira o lavou e minha mãe disse: "Olhe só. Temos um lindo e maravilhoso menino. Certo, meu amor, está tudo bem agora. Pode dormir."

Ela me deu um beijo e foi embora. Meu padrasto me disse depois que ela estava tão esgotada ao chegar em casa que parecia que tinha dado à luz gêmeos.

Pensei em minha mãe e percebi que ela era impressionante. Ela nunca me fez sentir como se tivesse envergonhado nossa família. O bebê não fora planejado e eu teria de repensar meus planos de estudos, mas, para Vivian Baxter, isso era simplesmente a vida sendo o que é. Ter um filho sem me casar não tinha sido errado. Era apenas algo ligeiramente inconveniente.

Arrumei um emprego quando meu filho tinha apenas dois meses. Cheguei para Mamãe e disse: "Mãe, eu vou me mudar."

"Você vai deixar a minha casa?" Ela estava chocada por eu querer ir embora da sua ótima casa, que tinha todo o conforto.

Eu disse: "Sim, consegui um emprego e um quarto, onde posso cozinhar em uma cozinha no fim do corredor, e a dona da casa vai ser a babá."

Ela me olhou de uma forma que oscilava entre a pena e o orgulho. E disse: "Certo, pode ir, mas não se esqueça: depois que sair pela minha porta, pode se considerar criada. Com o que aprendeu com sua Vó Henderson no Arkansas e o que aprendeu comigo, você sabe a diferença entre certo e errado. Faça o certo. Não deixe ninguém destruir sua educação. Saiba que você sempre terá de fazer concessões, nos relacionamentos amorosos, nas amizades, na vida social, no trabalho, mas não deixe ninguém te fazer mudar de ideia. E também se lembre disto: você sempre pode voltar para casa."

Eu saí e já estava de volta ao meu quarto quando ouvi minhas próprias palavras ecoando em minha cabeça. Eu chamara Lady de "Mãe". Sabia que ela havia percebido, mas nunca mencionamos esse fato. Eu tinha consciência de que, depois do nascimento do meu filho e da decisão de me mudar e arrumar um lugar para nós dois, eu passara a pensar em Vivian Baxter como mãe. Muito raramente e por força do hábito, eu às vezes a chamava de Lady, mas o modo como ela me tratava e o amor dela pelo meu filho conquistaram-lhe o direito de ser chamada de Mãe. No dia em que nos mudamos de sua casa, Mamãe só me deixou ir embora depois de garantir que estava ao meu lado. Percebi que eu tinha me afeiçoado a ela e que ela havia me libertado. Ela havia me libertado de uma sociedade que me teria feito pensar que eu era a ralé da ralé. Ela me libertou para a vida. E, a partir daquele momento, tomei as rédeas da vida e disse: "Estou com você, pequena."

EU
&
Mamãe

14

A independência é uma bebida inebriante que, se tomada na juventude, pode exercer no cérebro o mesmo efeito que um vinho jovem. Não importa que nem sempre seu gosto seja agradável. É viciante e, a cada gole, você deseja mais.

Aos vinte e dois anos, eu estava morando em São Francisco. Tinha um filho de cinco anos, dois empregos e dois quartos alugados, com direito a uma cozinha no fim do corredor. A dona da casa, a Sra. Jefferson, era bondosa e tinha jeito de avó. Era uma babá sempre a postos e insistia em oferecer o jantar a seus inquilinos. Tinha maneiras tão ternas e personalidade tão doce que ninguém conseguia ser maldoso o bastante para desestimular suas desastrosas aventuras culinárias. O espaguete dela, oferecido no mínimo três vezes por semana, era uma misteriosa gororoba vermelha, branca e marrom. De vez em quando, encontrávamos um pedaço irreconhecível de carne escondido no meio do macarrão.

Como não havia sobra no meu orçamento para comer em restaurantes, eu e meu filho, Guy, éramos frequentadores leais, ainda que às vezes infelizes, da Chez Jefferson.

Minha mãe tinha se mudado para outro casarão vitoriano, na Fulton Street, que ela mais uma vez encheu de mobiliário gótico e pesado de madeira. O estofado do sofá e de algumas cadeiras era de mohair vermelho-sangue. Havia tapetes orientais espalhados por toda a casa. Ela contratara um empregado, Poppa, que dormia ali, cuidava da faxina e, de vez em quando, fazia às vezes de ajudante de cozinha.

Mamãe pegava o Guy duas vezes por semana e o levava para a sua casa, onde o alimentava com pêssegos com creme e cachorros-quentes, mas eu só ia para a Fulton Street uma vez por mês e num horário combinado.

Ela entendia e incentivava minha autossuficiência e eu ficava sempre em grande expectativa pelo nosso encontro. Nessas ocasiões, ela sempre preparava um de meus pratos prediletos. Um almoço me marcou especialmente. Eu o apelidei de Dia do Arroz Vermelho de Vivian.

Quando cheguei à casa da Fulton Street, minha mãe estava lindamente vestida. A maquiagem era perfeita e ela usava joias de qualidade.

Depois de nos abraçarmos, lavei as mãos e atravessamos a sala de jantar escura e formal até a cozinha grande e iluminada.

Boa parte do almoço já estava sobre a mesa da cozinha. Vivian Baxter levava muito a sério suas deliciosas refeições.

Naquele longínquo Dia do Arroz Vermelho, minha mãe me ofereceu um frango capão assado com a pele crocante, sem molho, e uma salada de alface simples, sem tomates ou pepinos. Ao lado do prato dela, havia uma tigela de boca larga coberta com uma travessa.

Ela abençoou a comida fervorosamente com uma oração breve e pousou a mão esquerda na travessa e a direita na tigela. Emborcou as duas e esvaziou gentilmente o conteúdo da tigela, revelando um monte alto e brilhante de arroz vermelho (minha comida predileta neste mundo) decorado com salsa picadinha e talos verdes de cebolinha.

Se o frango e a salada não ganharam um registro muito proeminente nas minhas lembranças gustativas, cada grão do arroz vermelho ficou gravado para sempre na superfície da minha língua.

Glutona e *gulosa* descrevem negativamente a comedora voraz a quem oferecem a sedução do seu prato predileto.

Duas enormes porções de arroz saciaram meu apetite, mas a delícia do prato era tanta que me fez desejar ter um estômago maior para repetir duas vezes mais.

Como minha mãe tinha feito planos para o restante da tarde, pegou sua echarpe e saímos juntas de casa.

Quando chegamos ao meio do quarteirão, fomos envolvidas pelo aroma pungente e ácido de vinagre da fábrica de picles da esquina da Fillmore com a Fulton. Eu estava caminhando um pouco à frente dela. Minha mãe me parou e disse: "Meu amor."

Voltei até ela.

"Meu amor, estive pensando e agora tenho certeza. Você é a mulher mais especial que eu já conheci."

Olhei para aquela mulher baixinha e bonita, com sua maquiagem perfeita, brincos de brilhante e echarpe de pelo de raposa. Ela era admirada pela maioria das pessoas da comunidade negra de São Francisco, e até mesmo alguns brancos gostavam dela e a respeitavam.

Ela continuou: "Você é muito bondosa e muito inteligente, e esses elementos nem sempre andam juntos. A Sra. Eleanor Roosevelt, a Dra. Mary McLeod Bethune e a minha mãe — sim, você pertence a esta categoria. Venha cá me dar um beijo."

Ela me deu um beijo nos lábios e depois virou-se e atravessou a rua gingando até seu Pontiac bege e marrom. Eu me recompus e continuei andando até a Fillmore Street. Lá, atravessei a rua e esperei pelo bonde 22.

Minha política de independência não me permitia aceitar dinheiro ou sequer uma carona da minha mãe, mas eu recebia de braços abertos sua companhia e sua sabedoria. Agora pensava no que ela dissera. Pensava: E se ela tiver razão? Ela é muito inteligente e sempre dizia que não tinha medo suficiente de ninguém para mentir. E se realmente fosse meu destino me tornar alguém? Imagine só!

Naquele instante, ainda com o gosto do arroz vermelho na boca, decidi que tinha chegado a hora de parar com meus hábitos perigosos de fumar, beber e xingar. De fato, parei de xingar, mas alguns anos se passariam até que eu conseguisse lidar com a bebida e o cigarro.

Imagine só se eu realmente me tornasse alguém. Um dia.

15

Esta é uma história que ficou marcada na minha memória, e já contei parte dela antes.

Ele se chamava Mark. Era alto, negro e musculoso. Se a beleza fosse um cavalo, ele teria lugar garantido na Real Polícia Montada Canadense. Ele queria tornar-se lutador de boxe, e sua inspiração era Joe Louis. Saiu do Texas, onde nasceu, e conseguiu emprego em Detroit. Lá, pretendia ganhar o suficiente para encontrar um treinador que o ajudasse a se transformar em um boxeador profissional.

Uma das máquinas da fábrica automotiva cortou fora três dedos da sua mão direita e seu sonho morreu quando eles foram decepados. Eu o conheci em São Francisco, para onde ele havia se mudado, e ele me contou essa história para explicar por que era conhecido como Mark Dois Dedos. Não demonstrou nenhum rancor em relação à morte de seus sonhos. Falava baixo e muitas vezes pagava uma babá para que eu pudesse visitá-lo em seu quarto alugado. Era um pretendente ideal, um amante sem pressa. Eu me sentia absolutamente tranquila e segura.

Depois de alguns meses de suas ternas atenções, uma noite ele foi me buscar no meu trabalho e disse que me levaria para a baía Half Moon.

Estacionou num penhasco e, pelas janelas, vi o luar prateado ondulando sobre as águas.

Saí do carro e, quando ele disse, "Vem cá", obedeci imediatamente.

Ele disse: "Você tem outro homem, e anda mentindo para mim." Comecei a rir. Ainda estava rindo quando ele me bateu. Antes que eu conseguisse respirar, ele socou meu rosto com os dois punhos fechados. Vi estrelas antes de cair.

Quando voltei a mim, ele havia retirado a maior parte das minhas roupas e me apoiara sobre umas pedras. Segurava um sarrafo de madeira e estava chorando.

"Eu te tratei tão bem, sua vaca nojenta, traidora, dissimulada." Tentei andar até ele, mas minhas pernas não sustentavam o meu corpo. Ele me virou de costas. Então, deu uma pancada com o sarrafo na parte de trás da minha cabeça. Desmaiei e, quando voltei a mim, vi que ele continuava a chorar. Ele continuou me espancando e eu continuei desmaiando.

Preciso recorrer ao que me disseram para narrar os eventos das horas seguintes.

Mark me deitou no banco de trás do seu carro e dirigiu até a região dos afro-americanos de São Francisco. Estacionou diante do Betty Lou's Chicken Shack, chamou algumas das pessoas que estavam por ali e me mostrou a elas.

"É isso o que se faz com uma mentirosa traidora."

Elas me reconheceram e voltaram para o restaurante. Contaram a Miss Betty Lou que a filha de Vivian estava no banco traseiro do carro de Mark e parecia morta.

Miss Betty Lou e minha mãe eram amigas próximas. Miss Betty Lou telefonou para minha mãe.

Ninguém sabia onde ele morava ou trabalhava, nem mesmo qual era seu sobrenome.

Mas, por causa de todos os salões de bilhar e casas de jogo que minha mãe possuía, e dos contatos na polícia que Betty Lou tinha, esperavam encontrar Mark rapidamente.

Minha mãe era muito amiga do agente de fianças mais conhecido de São Francisco. Então telefonou para ele. Boyd Puccinelli não tinha em seus arquivos nenhum Mark ou Mark Dois Dedos.

Prometeu a Vivian que continuaria com as buscas.

Quando acordei, estava numa cama e com dores por toda parte. Respirar doía, tentar falar também. Mark disse que era porque minhas costelas estavam quebradas. Meus lábios tinham sido perfurados pelos meus dentes.

Ele começou a chorar, dizendo que me amava. Sacou uma navalha de lâmina dupla e a levou até a sua garganta.

"Eu não mereço viver. É melhor eu me matar."

Eu não tinha voz para desencorajá-lo. Rapidamente, ele colocou a lâmina em minha garganta.

"Não posso te deixar pra outro negro." Falar era impossível e respirar era doloroso.

De repente, ele mudou de ideia.

"Há três dias você não come nada. Preciso lhe dar um pouco de suco. Você gosta de suco de abacaxi ou de laranja? Só precisa balançar a cabeça."

Eu não sabia o que fazer. O que o faria ir embora?

"Vou dar um pulo na venda da esquina para comprar suco para você. Desculpe por ter te machucado. Quando eu voltar, vou cuidar de você até se recuperar, se recuperar totalmente, prometo."

Eu o olhei sair.

Só então reconheci que aquele era o seu quarto, onde eu tantas vezes tinha estado. Eu sabia que a proprietária morava no mesmo andar e pensei que, se pudesse chamar sua atenção, ela me ajudaria. Inspirei o máximo de ar que pude e tentei gritar, mas nenhum som saía. A dor de tentar me sentar foi tão extrema que só tentei uma única vez.

Eu sabia onde ele tinha deixado a navalha. Se conseguisse apanhá-la, pelo menos poderia tirar minha própria vida e não lhe daria o gosto de se gabar de ter me matado.

Comecei a rezar.

Enquanto rezava, eu perdia e recuperava a consciência, e então ouvi gritos no corredor. Ouvi a voz de minha mãe.

"Arrombem isso. Arrombem essa porra. Minha filha está aí dentro." A madeira gemeu, depois rachou, e a porta cedeu. Minha mãezinha entrou pela abertura. Ela me viu e desmaiou. Mais tarde, ela me contou que foi a única vez em sua vida que isso aconteceu.

A visão do meu rosto inchado com o dobro do seu tamanho e dos meus dentes enfiados em meus lábios era mais do que ela podia suportar. Por isso ela perdeu a consciência. Três homenzarrões entraram atrás dela no quarto. Dois deles a seguraram e ela voltou a si, grogue, em seus braços. Eles a levaram até a minha cama.

"Meu amor, meu amor, eu sinto tanto." A cada vez que ela me tocava, eu estremecia de dor. "Chamem uma ambulância. Vou matar esse filho da puta. Me desculpe, meu amor."

Ela estava se sentindo culpada como todas as mães se sentem quando coisas terríveis acontecem com seus filhos.

Eu não conseguia falar, nem mesmo tocá-la, mas nunca a amei tanto quanto naquele momento, naquele quarto sufocante e fétido.

Ela acariciou meu rosto e afagou meu braço.

"Meu amor, as orações de alguém foram atendidas. Ninguém sabia como encontrar Mark, nem mesmo Boyd Puccinelli. Mas Mark foi comprar suco numa vendinha e dois guris roubaram de uma banca de vendedor de tabaco."

Ela continuou a contar sua história.

"Assim que o carro da polícia virou a esquina, os guris atiraram os pacotes de cigarro dentro do carro de Mark. Quando ele tentou entrar no carro, foi preso. Os policiais não acreditaram em seus gritos de inocência e o levaram para a cadeia. Ele usou o único telefonema a que tinha direito para ligar para Boyd Puccinelli. Boyd atendeu o telefone."

Mark disse: "Meu nome é Mark Jones. Eu moro na Oak Street. Não tenho nenhuma grana aqui comigo agora, mas a proprietária do quarto que alugo guarda uma boa parte do meu dinheiro. É só ligar para ela, e ela traz seja lá quanto você cobrar."

Boyd quis saber: "Como te chamam nas ruas?"

Mark respondeu: "Todo mundo me conhece como Mark Dois Dedos."

Boyd desligou o telefone, ligou para minha mãe e deu o endereço de Mark. Ele quis saber se ela iria chamar a polícia. Ela disse: "Não, vou ligar pro meu salão de bilhar e chamar uns caras da pesada, depois vou resgatar minha filha."

Ela disse que, quando chegou à casa de Mark, a proprietária disse que não conhecia nenhum Mark e, de todo modo, o cara não aparecia ali havia muito dias.

Mamãe disse que podia ser, mas ela estava procurando sua filha e ela estava naquela casa, no quarto de Mark. Mamãe perguntou qual era o quarto dele. A proprietária disse que a porta ficava sempre trancada. Minha mãe disse: "Hoje ela vai abrir." A proprietária ameaçou chamar a polícia e minha mãe falou: "Pode chamar o cozinheiro, pode chamar o padeiro, pode chamar inclusive o agente funerário."

Quando a mulher apontou o quarto de Mark, minha mãe disse a seus ajudantes: "Arrombem isso. Arrombem essa porra."

No quarto de hospital, pensei nos dois jovens criminosos que haviam atirado pacotes de cigarro roubados no carro de um estranho.

Pensei em como, quando ele foi preso, ligou para Boyd Puccinelli, que ligou para a minha mãe, que reuniu três dos homens mais perigosos de seu salão de bilhar. Em como eles arrombaram a porta do quarto no qual eu estava presa. Minha vida foi salva. Teria sido um incidente, uma coincidência, um acidente ou uma prece atendida?

Eu acredito que a minha prece foi atendida.

Eu me recuperei na casa da minha mãe. Seu amigo Trumpet estava trabalhando no Sutter Street Bar. Mamãe disse: "Trumpet acabou de me ligar. Ele sabe que estou atrás do Mark, e Mark está bebendo lá. Tome, uma arma." Ela me ofereceu seu .38 Special e eu aceitei.

"Vá para o C. Kinds Hotel, que fica em frente ao Sutter's, do outro lado da rua. Telefone para Mark do saguão. Trumpet disse que consegue segurá-lo ali por no mínimo uma hora. Ligue para ele e fale com um sotaque sulino. Diga que o conheceu algumas noites atrás, que está no C. Kinds Hotel e que quer vê-lo novamente. Quando ele sair do bar, você sai do saguão do hotel. Vá até a esquina e atire nele. Mate o sacana. Prometo que você não pega nem um dia. Ele tentou te matar. Atire nele."

Telefonei do saguão do hotel. Mark não reconheceu a minha voz. Flertou, perguntando: "Como é o seu nome?"

"Bernice. Estou no saguão. Vem pra cá."

Ele riu e disse: "É pra já."

Em questão de segundos, ele estava na esquina e começava a atravessar a rua.

Saí do saguão segurando a arma. Eu o vi antes de ele me ver. Tive tempo suficiente para atirar, mas não quis fazer isso. Ele já estava no meio da rua quando me viu com a pistola na mão.

"Maya, por favor, não me mate. Deus meu, por favor. Desculpe. Eu te amo."

Eu não senti pena dele. Senti nojo. Falei: "Volte para o bar, Mark. E vá para o banheiro. Pode ir. Eu não vou atirar em você."

Ele virou as costas e saiu correndo.

Minha mãe balançou a cabeça. "Isso, você não puxou a mim. Puxou à sua Vó Henderson. Eu teria atirado nele como em um cachorro na rua. Você é boa, meu amor. É uma mulher melhor do que eu."

Ela me abraçou. "Não precisa nunca mais se preocupar com ele. Espalhei a notícia. Ele sabe que, se aparecer em alguma rua de São Francisco, é meu, e que eu não vou hesitar nem por um segundo."

Meus dois empregos mal pagavam as minhas contas. Eu começava num restaurantezinho como fritadeira às cinco da manhã e trabalhava ali até as onze. O segundo turno, num restaurante creole, ia das quatro da tarde às nove da noite.

Nas horas entre o emprego da manhã e o da tarde, eu pegava Guy na escola e o levava ao alergista, onde recebia uma lista de alimentos aos quais ele não era alérgico. Guy era alérgico a tomate, pão, leite, milho e verduras. Depois de sairmos do alergista, íamos para a loja de discos Melrose Record. Ele rumava para a seção de infantis, e eu, para a de blues e bebop. Cada um escolhia um cubículo e ouvia as músicas que tinha separado.

Depois de mais ou menos uma hora, fazíamos a nossa seleção. Eu pagava pelos discos e depois voltávamos para casa. Eu tinha tempo apenas de garantir que ele estivesse são e salvo em casa antes de bater ponto no meu emprego da noite, na cozinha do restaurante creole.

Certa manhã, no consultório do alergista, folheei uma revista feminina sofisticada e comecei a ler um artigo intitulado "Seu filho é mesmo alérgico ou não está recebendo atenção suficiente?".

Guy terminou a consulta antes de eu terminar a leitura. Perguntei à recepcionista se eu poderia levar a revista emprestada e prometi devolvê-la na consulta seguinte. Quando ela concordou, guardei a revista na bolsa e não a olhei mais até terminar o turno da noite. Voltei para casa, sentei à mesa da cozinha e retomei o artigo de onde tinha parado.

O texto me enfureceu. Eu estava prestes a atirar a revista no lixo quando minha mãe ligou. Atendi abruptamente.

Ela perguntou: "Qual é o problema?"

Respondi: "Não aguento mais as mulheres brancas!"

Minha mãe quis saber: "O que elas aprontaram com você dessa vez?"

"Não é só comigo. Elas acham que sabem de tudo, só isso."

Minha mãe disse: "Estou indo até aí. Ponha gelo num copo, por favor. Vou levar o uísque."

Lavei o rosto, escovei o cabelo e enchi um copo com gelo antes de ela tocar a campainha.

Quando ela entrou em casa, eu me preparei para ouvir, "Sente. Tenho uma coisa a dizer."

Em vez disso, ela pediu para ver o artigo que eu estava lendo. Eu lhe entreguei a revista e me servi de uma taça de vinho. Quando ela terminou de ler, sorriu e perguntou: "O que te fez ficar com tanta raiva?"

Falei: "As brancas, que foram brancas a vida inteira e são mais ou menos ricas, que têm alguém que pague todas as suas contas, acham que todo mundo é como elas. Eu preciso trabalhar em dois empregos e mal consigo fechar as contas e estou fazendo o melhor que posso."

Minha mãe disse: "Sente, tenho uma coisa a dizer."

Eu já estava esperando por isso e sentei.

"Eu sei que você é orgulhosa demais para pegar dinheiro emprestado e que jamais pediria por nada, mas a verdade é a seguinte: você tem um filho que não está bem e uma mãe que te ama. Eu não quero te emprestar dinheiro, quero investir mil dólares no seu futuro. Isso não é um empréstimo nem um presente. É um investimento.

"Daqui a três meses espero que você comece a me pagar. Espero que consiga passar mais tempo com seu filho. Você precisa encontrar um emprego que pague bem, porque eu vou querer cinco por cento de juros sobre o meu dinheiro. Sei que você é justa e sabe que sou dura na queda. Vamos esquecer as brancas e simplesmente pensar na gente."

Agradeci a oferta e, na manhã seguinte, quando pedi demissão no meu emprego de fritadeira, o dono do segundo restaurante também me demitiu.

De repente me vi com uma enorme quantidade de dinheiro investida em mim pela minha mãe e desempregada.

Levei Guy para a escola como quem faz um passeio, em vez de deixá-lo apressada como sempre fazia todas as manhãs. A felicidade dele era contagiante. Eu me peguei rindo.

Ele saltava, dançava e segurava minha mão, depois saía correndo de novo até a esquina e voltava. Sua alegria quase me fez chorar.

Quando eu o apanhei na hora do almoço, ele insistiu em que eu não pisasse nas rachaduras da calçada. Eu precisava, na verdade, saltar quando ele saltava. E eu fiz isso. Ele começou a rir de alegria ao me ver pular. Seu riso me alegrava e comecei a saltar mais e mais.

Em duas semanas, as alergias, que antes o faziam se coçar tanto que sua pele chegava a sangrar, começaram a melhorar. Em quatro semanas, as feridas cicatrizaram.

A boa sorte sorria para mim. Decidi lhe dar uma ajuda.

Eu me candidatei a uma vaga na loja Melrose Record e fui contratada. O novo emprego pagava um salário maravilhoso.

Minha mãe me disse que seus amigos lhe contaram que me viram pulando na rua com meu filho e brincando como se eu fosse uma criança. Ela disse a eles: "Não, ela não estava brincando. Estava apenas sendo uma boa mãe."

16

David Rubinstein era um judeu reformista, Louise Cox era da Ciência Cristã e eu, uma fiel batista, membro da igreja metodista episcopal. Surpreendentemente, não só nos dávamos muito bem, como também gostávamos um do outro. A loja de discos era a mais completa no bairro negro do Fillmore District.

Charlie Parker, Dizzy Gillespie e Miles Davis dominavam o bebop. Count Basie, Joe Williams, Ray Charles, Dinah Washington, Billy Eckstine, Nat King Cole e Sarah Vaughan brilhavam no popular rhythm and blues. Os cantores de blues da velha guarda conseguiam ter uma seção própria no acervo.

Conquistei a fama de saber que tipo de música os artistas tocavam e com que grau de sucesso, e como resultado Dave e Louise me deram um aumento antes que eu esperasse por isso. Comecei a pagar de volta parte do dinheiro de Vivian Baxter.

Tosh Angelos era tão bonito e altivo que me deixou sem fôlego. Usava suéteres de gola redonda, calças de tweed e sapatos de camurça. Além disso, conhecia tanto de jazz e bebop quanto eu. Depois de olhar uma pilha de discos, perguntou casualmente meu nome e eu respondi. Escolheu alguns álbuns, pagou e foi embora.

Louise Cox me disse: "Você deixou o cara babando."

Eu não achei graça nenhuma porque achava que ele não tinha me notado. Na semana seguinte, quando voltou, ele me chamou pelo nome e pediu mais discos. Ouviu, fez sua seleção, pagou e foi embora. Na sua terceira visita, Guy estava na loja. Tosh me cumprimentou e perguntou se eu era parente daquele menino de cinco anos.

Falei: "Ele é meu filho."

Tosh perguntou: "Ele gosta de música?"

Respondi: "Sim."

Ele sorriu, concordou e foi embora.

Perguntei a Louise o que ela sabia sobre ele.

"Ele está na Marinha, é descendente de gregos e estuda na Universidade de Oregon."

Passaram-se semanas sem nenhuma visita de Tosh. Louise disse que talvez ele estivesse em alto-mar. Pensei que talvez ele tivesse encontrado um lugar melhor para frequentar. Depois de algumas semanas, quando eu já tinha desistido de vê-lo novamente, ele entrou na loja de discos usando seu uniforme e me convidou para jantar.

Eu disse que sim e que iria pedir para a minha tia cuidar do Guy. Ele disse que, da próxima vez em que saíssemos, levaríamos o Guy, mas que, na primeira vez, ele me queria só para si.

No primeiro encontro, Tosh me ofuscou com sua inteligência brilhante e conquistou meu coração com suas histórias. Nos quatro meses seguintes, nós três, ou apenas Tosh e eu, conhecemos e jantamos em todos os restaurantes do bairro. Jogamos xadrez e outros jogos de tabuleiro.

Descobrimos que gostávamos um do outro e, como ele fazia a mim e ao Guy rir, eu me pegava aguardando, ansiosa, pela sua chegada. Certa noite, depois do jantar e um jogo divertido de perguntas, Guy foi dormir. Tosh e eu estávamos sentados bebendo vinho. Eu o convidei para dormir em casa. Ele foi tão gentil e apaixonado quanto eu poderia esperar. Nosso relacionamento tornou-se mais intenso. Eu estava encantada, mas não surpresa.

Depois de algumas semanas, ele me pediu em casamento. Eu disse que queria aceitar, mas primeiro precisava conversar com minha mãe. Mamãe conhecera Tosh em uma de nossas noites de jogos e gostara dele, então, quando eu lhe disse que tinha uma coisa a dizer, ela aceitou vir até a minha casa.

Depois que Guy foi se deitar, contei a ela sobre o pedido de Tosh e que eu tinha aceitado. Ela ficou furiosa.

"Como você pode pensar em casar com um branco?", perguntou.

Eu disse: "Pensei que você não tivesse preconceitos."

"E não tenho", disse ela. "Mas, já que você vai se casar com um branco, daria no mesmo se apaixonar por um rico do que por alguém que não tem nem onde cair morto."

Eu disse: "Eu não perguntei quanto dinheiro ele tinha. Perguntei se ele me amaria, me protegeria e me ajudaria a criar meu filho."

"E o que ele respondeu?"

Mamãe & Eu

"Minha mãe permaneceria uma beldade estonteante."
(1976)

"Sou Lady, mas continuo a ser sua mãe."
(STOCKTON, CALIFÓRNIA, 1976)

"Vou cuidar de você, e vou cuidar de qualquer pessoa que você diga que precisa de cuidados, da maneira como você disser. Estou aqui. Trouxe todo o meu ser até você. Eu sou sua mãe."

(1986)

"*Mamãe pegava o Guy duas vezes por semana e o levava para a sua casa, onde o alimentava com pêssegos com creme e cachorros-quentes.*"

(Vivian Baxter, Guy Johnson e Maya Angelou)

"*O último marido de Mamãe era o meu preferido. Nós tínhamos sido feitos um para o outro. Ele nunca tivera uma filha, e eu não tivera os cuidados, os conselhos e a proteção de um pai desde a minha adolescência.*"

(Vivian Baxter com o marido, Nollege Wilburn)

"Meu amor, estive pensando e agora tenho certeza.
Você é a mulher mais especial que eu já conheci."

"*Dançar era algo libertador para mim e me fazia sentir que meu corpo tinha razão de ser.*"
(MAYA ANGELOU, GEORGE FAISON [DO ALVIN AILEY AMERICAN DANCE THEATER] E VIVIAN BAXTER NA CASA DE MAYA ANGELOU EM VALLEY ROAD, C. 1986)

"*Ela era uma grande contadora de histórias e entretinha meus amigos como se fossem seus.*"
(VIVIAN BAXTER, JULIO FINN [COMPOSITOR DE JAZZ E BLUES], MAYA ANGELOU, DOLLY MCPHERSON [UMA AMIGA-IRMÃ MUITO PRÓXIMA E PROFESSORA DE INGLÊS EM WAKE FOREST], 1985)

"Vou enfiar o pé na porta deles e só tirar depois que todas as mulheres puderem entrar nesse sindicato, embarcar num navio e ir para o mar."

(Auckland, Nova Zelândia, 1975)

Sábado, 4 de março de 1995, na cerimônia de inauguração do Vivian "Lady B" Baxter Park, em Stockton, Califórnia. O vice-prefeito Floyd Weaver apresenta Maya Angelou antes de expor a placa do parque. Ao fundo, o neto de Angelou, Colin Johnson.

"[Bailey] a adorava e demonstrava a alegria de estar ao lado dela rindo e fazendo piadas."

(DA DIREITA PARA A ESQUERDA: O VICE-PREFEITO FLOYD WEAVER, COLIN JOHNSON, MAYA ANGELOU, BAILEY JOHNSON [IRMÃO DE MAYA ANGELOU])

"[Bailey] viu sua mãe, sua casa e todos os seus aniversários solitários desaparecerem. As noites em que coisas assustadoras faziam barulho embaixo da cama foram esquecidas."

Resolution No. 92-0739

STOCKTON CITY COUNCIL

WHEREAS, pursuant to City Council Policy No. 400-1, "Naming of City Parks, and Buildings and Facilities Located Within Parks," the Stockton Metropolitan Park and Recreation Commission recommends that the three (3) proposed park sites be named as described below; now, therefore,

BE IT RESOLVED BY THE COUNCIL OF THE CITY OF STOCKTON, AS FOLLOWS:

1. That the 11-acre community park site within the Brookside subdivision is hereby named HAROLD "HAL" NELSON PARK.

2. That the 5-acre neighborhood park site in the Phase I, A. G. Spanos subdivision is hereby named VIVIAN "LADY B" BAXTER PARK.

3. That the 6-acre neighborhood park site in the River Estates subdivision is hereby named JOHN PERI PARK.

PASSED, APPROVED and ADOPTED DEC 14 1992 .

JOAN DARRAH, Mayor
of the City of Stockton

ATTEST:

FRANCES HONG, City Clerk
of the City of Stockton

c:\wp51\agd\rso\NamePark.1

CITY ATTY REVIEW
DATE DEC 11 1992

92-0739

Documento da prefeitura de Stockton autorizando a construção de três parques na cidade, incluindo o Vivian "Lady B" Baxter Park. Dezembro de 1992.

Tal como sua filha, "Lady B" foi conhecida como uma grande narradora. Foi fundadora e presidente da organização Stockton Black Women for Humanity, que concedia auxílios, bolsas de estudos a alunos negros do ensino médio. Também foi membro ativo de uma ordem maçônica, presidente da Concerned Women for Political Action e membro dos conselhos da United Way, San Joaquin County Blind Center, Women's Center of Stockton e Board of Directors of Gemini, Inc.

A Cidade de Stockton tem hoje o orgulho e o prazer de nomear este parque em memória de Vivian "Lady B" Baxter, uma mulher que dedicou a vida a ajudar todos os que necessitassem.

PARQUE EM SUA HOMENAGEM, 4 DE MARÇO DE 1995

"Você foi uma trabalhadora incansável — graças a você, mulheres brancas, negras e latinas zarpam do porto de São Francisco. Você foi chapeadora naval, enfermeira, agente imobiliária e barbeira. Muitos homens e — se não me falha a memória — algumas mulheres arriscaram a vida para amá-la. Nunca existiu pessoa mais grandiosa do que você."

"Que sim!"

Vivian Baxter retrucou: "E você acreditou nele?"

Respondi: "Acreditei."

"O que vai ser de você? Que diabo ele vai te oferecer — o ódio da gente dele e a desconfiança da sua? Que presentão de casamento!"

Claro, eu estava oferecendo a ele uma mente lotada de uma mistura volátil de inseguranças e teimosia, e um filho de cinco anos que nunca conhecera a disciplina de um pai.

Ela me perguntou: "Você o ama?"

Não respondi.

"Então me diga por que vai se casar com ele."

Vivian Baxter apreciava a sinceridade acima de todas as virtudes.

Respondi: "Porque ele me pediu em casamento, Mãe."

Ela assentiu, e disse: "Certo, certo". Deu meia-volta em seus saltos altos e caminhou, toda pomposa, até a porta. "Boa sorte."

Na semana seguinte, ela me telefonou para avisar que estava se mudando de São Francisco para Los Angeles. Pedi a Bailey para me visitar e contei que Mamãe tinha partido meu coração.

Ele falou: "Você é que partiu o coração dela. Ela achou que você soubesse que é melhor ficar sozinha, se não for para se casar com um homem rico."

Eu disse: "Nenhum deles veio bater à minha porta."

Ele disse: "Enfim, ela está de mudança, mas você tem um irmão, e vou te apoiar e chamar Tosh de irmão."

17

Tosh e eu de fato nos casamos. E minha mãe realmente se mudou para Los Angeles. Tosh encontrou para nós uma casa espaçosa com três quartos, sala de jantar e de estar formais e uma cozinha bem grande. Nós três ficamos muito bem instalados na casa semimobiliada. Compramos um fogão, uma geladeira e sofás para a sala. Embora eu adorasse a vida de dona de casa, meu coração doía de saudades da minha mãe.

Bailey me deu seu número de telefone e eu lhe telefonei uma vez. Ela disse: "Você sabe que eu te amo e que desejo que seja feliz. Você também sabe que não minto, por isso não vou te dizer que espero que você seja feliz com o marido que escolheu. A única coisa que espero, de coração, é que você não seja completamente infeliz."

No geral, me encaixei tão bem na vida de casada quanto um pé num sapato velho. Tosh pediu que eu largasse o emprego na loja de discos. Disse que muitos homens flertavam comigo e que ele sentia ciúmes. Eu não tinha a menor noção de que seu ciúme se tornaria perigoso. Para ser sincera, como ninguém nunca demonstrara tanto desejo por mim, me senti lisonjeada. Portanto, seguindo sua sugestão, me candidatei a uma vaga na seguradora Metropolitan Life. Fui contratada como arquivista. Fazia aulas de dança duas vezes por mês e compras aos sábados nos corredores de um grande supermercado. Preparava o jantar todas as noites com as panelas novas e o fogão novinho em folha.

Conhecemos alguns casais inter-raciais e nos encontrávamos nas noites de sábado para jogar e tomar vinho barato. Tosh sabia que eu sentia saudades da minha mãe. Ele disse: "Eu entendo. Ela não gosta dos brancos."

Jurei que isso não era verdade.

Ele falou: "Ela gosta dos brancos. Só não quer ver a filha casada com um."

Guy e Tosh se tornaram bons amigos. Ele ensinou Guy a jogar xadrez e eu comprei livros de culinária e comecei a preparar pratos sofisticados. Bailey e sua namorada, Yvonne, com quem ele morava, vinham nos visitar pelo menos uma vez por semana. Meu casamento só me fazia sentir falta de duas coisas: meu relacionamento com minha mãe e meu relacionamento com Deus.

Tosh era ateu. Ele havia me contado na época do namoro, mas eu tinha certeza de que o Senhor o ajudaria a mudar de ideia. Estava enganada. Ele dizia que não existia Deus e que eu era uma tola de frequentar a igreja. Eu tinha medo de que ele afastasse meu filho dos ensinamentos religiosos, razão pela qual, sempre que estávamos a sós, eu contava a Guy histórias sobre Jesus e seus milagres. Ensinei a ele as bem-aventuranças, o Pai-Nosso e o Salmo Vinte e Três. Quando estávamos a sós, testava sua memória. Cantávamos "This little light of mine, I'm going to let it shine". Aquilo se tornou rotineiro.

Então, decidi ser infiel a Tosh, começando a frequentar uma igreja ali perto. Num domingo, depois de preparar o café da manhã, vesti minhas roupas de ginástica e disse que sairia para dar uma volta. Fui até a casa de Yvonne e Bailey, onde eu tinha escondido as roupas e os sapatos de domingo. Na igreja, o pastor bradava, as pessoas cantavam e eu me senti melhor depois de haver estado na casa do Senhor. Voltei para a casa de Yvonne e Bailey, vesti meu moletom e fui para casa. O fato de haver mentido não diminuía a minha sensação de virtude.

A carruagem do casamento seguia em frente. As pedras do caminho eram o fato de que minha mãe nunca me telefonava e que, duas vezes por mês, eu ia, às escondidas, à igreja e mentia a esse respeito.

Certa manhã, Bailey me ligou para dizer que nossa mãe viria de visita e que ela desejava me ver. De início, eu disse não. Queria mostrar-lhe que eu podia ser tão durona quanto ela, mas a esperança, o desejo de ver seu lindo rosto e de ouvir sua risada foram grandes demais para que eu recusasse a visita.

Perguntei a Bailey se ela poderia me telefonar. O telefone tocou e ela perguntou: "Meu amor, posso ir até a sua casa?"

Falei: "Por favor, venha. Venha jantar aqui no domingo."

Ela perguntou: "É melhor eu ir depois da igreja?"

Respondi: "Sim."

Eu estava literalmente tremendo de empolgação. Sabia que ela adorava frango assado com torta de milho e molho de miúdos. Contei a Tosh e Guy que minha mãe viria. Guy ficou feliz e animado.

Tosh perguntou: "Ela já me perdoou por ser branco?"

Eu não tinha resposta.

Comprei uma pequena garrafa de uísque e arrumei a mesa. Minha mãe chegou elegantemente vestida, como sempre, acompanhada de uma senhora bem-arrumada que ela apresentou como Lottie Wells. Disse que a Srta. Wells era enfermeira e sua amiga próxima, e que gostaria de ser tratada como tia.

O sorriso da minha mãe era tão bonito e reconfortante aos meus olhos que esqueci que ela havia me abandonado outra vez. Ela me deu um longo abraço e, quando nos afastamos, seu rosto estava coberto de lágrimas.

"Meu amor, por favor me perdoe. Não me importa se você se casar com um burro; nunca mais vou embora nem deixar você sozinha. Trouxe a Lottie para te conhecer. Contei tanto a ela sobre você e Guy, quero que vocês se conheçam. Vocês dois vão adorar a Lottie, tenho certeza."

Fiquei feliz de ver o rosto de Lottie e suas lágrimas de alegria.

Chorei e nós três nos abraçamos.

Guy veio correndo pelo corredor. "Vovó, Vovó!"

Ela o beijou e disse: "Meu Deus, como você cresceu!"

Tosh apareceu. "Seja bem-vinda", disse ele. "Estamos esperando você há tempos."

Ela podia ter dado uma resposta cortante, eu sei, mas fiquei muito feliz por ela não o fazer. Fomos até a sala de estar, ela se sentou e olhou em torno, apreciando a sala, a mobília, a decoração.

Trouxe uísque com água para ela e Tia Lottie; Tosh e eu tomamos vinho, e Guy, um copo de suco de laranja. Erguemos os copos num brinde.

Ela disse: "Tenho uma coisa a dizer. A ignorância é um negócio terrível. Faz as famílias perderem o centro e as pessoas perderem o controle. A ignorância não conhece limites. Velhos, jovens, pessoas de meia-idade, negros, brancos, todos podem ser ignorantes. Pensei que a minha filha estivesse jogando sua vida fora. A vida dela já tinha sido bastante difícil e achei que ela estivesse sendo estúpida de propósito. Agora ouço sua bela voz, vejo quanto Guy está feliz e admiro a linda casa de vocês. Por favor, aceite minhas desculpas e meus agradecimentos, Tosh Angelos. Admiro você por amar minha filha querida."

O jantar foi um sucesso.

18

Aos quinze anos, ganhei uma bolsa para estudar na California Labor School. Ali, tive aulas de dança que me proporcionaram um prazer que eu nunca havia conhecido. A música urgia meu corpo a se mover, a deslizar e a se erguer, e eu seguia sua persuasão sem resistência. Tive o máximo de aulas gratuitas que pude e, quando ficou claro que eu havia atingido uma idade em que as aulas passavam a ter preço, comecei a guardar dinheiro com dureza para pagar o aluguel, a babá, a comida, os discos e as aulas de dança. Às vezes eu tinha dinheiro suficiente para duas aulas em um mês; noutras vezes, se apertasse o cinto, conseguia fazer uma aula por semana.

Interrompi as aulas de dança nos primeiros meses do casamento. Meu tempo tinha sido tomado pelo aprendizado dos hábitos do meu marido e observando o relacionamento que vinha se desenvolvendo entre ele e meu filho.

Voltei para a dança, frequentando apenas uma noite por mês. Tosh perguntou se poderia assistir a uma aula. Eu aceitei e ele trouxe Guy junto. Vesti minha malha e, ao entrar na sala, avistei os dois sentados em cadeiras dobráveis encostadas à parede.

    Eles ficaram até o fim da aula. Voltamos para casa juntos. Tosh disse: "Obviamente, você é a melhor da classe — melhor até do que a professora."

    Fiquei muito feliz com esse elogio.

    Durante alguns meses, Tosh aceitou o fato de que eu gostava de dançar. Mas descobri que ele não estava nem um pouco feliz, quando, um dia, ele insistiu para que fôssemos jantar num restaurante italiano.

    Ele ficou surpreso quando falei que não poderia sair para jantar porque tinha aula de dança. Ele perguntou se estava nos meus planos ser bailarina profissional. Respondi que não, mas contei que dançar era algo libertador para mim e me fazia sentir que meu corpo tinha razão de ser. Ele me garantiu que, disso, eu nunca poderia duvidar. Nós dois rimos com aquela insinuação e não falamos mais das aulas de dança.

    Mais tarde, Tosh saiu do banheiro batendo a porta. Perguntei o que havia de errado. Nunca tínhamos brigado antes. Ele disse que as toalhas estavam úmidas e que era desagradável se enxugar com uma toalha úmida. Eu disse que havia toalhas secas em casa e que eu teria lhe trazido uma, se ele tivesse me pedido. Ele disse que nenhuma toalha da casa estava realmente seca porque eu não me dedicava a secá-las como devia. Não respondi, mas fui até o armário de roupas de cama e banho, e fiquei chocada ao ver que todas as toalhas estavam úmidas e atiradas pelo chão.

    Perguntei: "Como essas toalhas foram parar no chão?"

Ele respondeu: "Fui eu que as joguei aí, porque não estavam secas."

Falei: "Eu mesma sequei todas elas."

Ele disse: "Você nunca tem tempo para ser uma boa dona de casa porque desperdiça tempo demais no estúdio de dança."

"O que você quer que eu faça?"

Ele estava fechando o zíper da calça e abotoando a camisa. Disse: "Você nunca vai ser uma bailarina profissional, não entendo por que fica brincando de dançar. Guy e eu precisamos da sua atenção e a merecemos."

Eu sabia que ele mesmo tinha molhado as toalhas, mas não respondi nada.

Esperei dois dias e telefonei para a minha mãe.

Ela disse: "Ah, meu amor, eu já ia mesmo te telefonar. Não estou nada satisfeita com a forma como meus negócios estão sendo conduzidos. Quem sabe você possa me ajudar? Volto a São Francisco neste fim de semana e gostaria de ir à sua casa no domingo, tudo bem?"

Quando Mamãe chegou, disse: "É como diz o ditado, 'O gato sai e os ratos fazem a festa'." Seu riso não tinha nenhuma alegria.

Ela disse: "Confesso que estava ansiosa para voltar para casa e ver minha filha e o filho dela, mas, quando ouvi a notícia de que os ratos estavam fazendo a festa com meus negócios, vir a São Francisco tornou-se uma urgência."

Tosh ficou em silêncio. Eu perguntei: "Está tão ruim assim?"

Ela disse: "Tem conserto. Vou dar um pé na bunda de alguns e eles ficarão felizes de ir embora, e vou oferecer um pouco mais de dinheiro aos demais e eles ficarão felizes da vida de permanecer."

Tosh simplesmente ficou ali sentado, sem dizer nada. Fiz mais algumas perguntas para manter a conversa fluindo.

Mamãe olhou para Tosh e se levantou. Disse: "Preciso ir. A gente se fala mais tarde."

Tosh deu um leve aceno de despedida e eu a acompanhei até a porta.

Falei: "Mãe..."

"Eu sei, meu amor. Eu sei que ele não gosta de mim. Eu entendo. Eu sentiria o mesmo em relação a ele se ele não fosse tão bom para você e para o Guy. Não se preocupe, vou descobrir uma maneira de a gente se dar bem." Ela me deu um beijo e foi embora.

Mamãe ofereceu uma grande festa para comemorar a casa nova. Eu e Guy comparecemos; Tosh disse que tinha um compromisso. Percebi que Vivian Baxter estava se esforçando ao máximo para ser simpática com ele, e que ele não tinha a menor ideia de quanto aquele esforço custava a ela.

Decidi ignorar o fato de que eles não se gostavam, mas, intimamente, agradeci à minha mãe por ser cortês com Tosh. Guy estava indo bem na escola.

Meu emprego na seguradora Metropolitan Life me proporcionava um salário, mas nenhum prazer. Eu tinha parado de frequentar as aulas de dança no centro comunitário e reduzido as visitas à loja de discos. Meus dias se resumiam a trabalhar, fazer compras, cozinhar e jogar com Guy e Tosh. Eu ainda ia escondido à igreja sempre que podia e visitava a minha mãe quando ela tinha tempo.

Um dia, o telefone tocou. Tosh estava em casa e atendeu. Sua voz tornou-se áspera ao dizer "Claro, claro, claro"; em seguida, ele desligou. Aproximou-se de mim e seu rosto mostrava desagrado. "Era a sua mãe", disse ele. "Ela quer nos levar para uns drinques na praia."

Eu disse: "Ótimo." Mas, quando vi o rosto dele, percebi que ele não tinha gostado da minha resposta. Tentei consertar com um "Seria bacana".

Ele disse: "Ela vai trazer a Tia Lottie para ficar com o Guy, assim poderemos estar a sós na praia."

Tosh sabia que seria avaliado e, apesar de ele não ter a obrigação de gostar disso, achei que não deveria ficar surpreso. Guy entrou, feliz da vida, no carro da Tia Lottie, sabendo que ela lhe daria milk-shakes e cachorros-quentes e tudo o mais que ele pedisse.

Minha mãe nos levou de carro até o bar, que ficava na beira da praia, onde focas subiam e desciam das pedras. Erguemos nossos copos e fizemos um brinde. Em seguida, minha mãe disse: "Não quero me intrometer na vida de vocês, mas estou do lado da Maya." Ela se virou para mim e disse: "Meu amor, pode me dizer por que você está tão infeliz?"

Tosh olhou para mim esperando que eu negasse estar infeliz, mas fiquei refletindo sobre a pergunta e percebi que, nos últimos meses, eu estivera sempre à beira das lágrimas.

Falei: "A maioria das coisas que eu gosto foram tiradas de mim."

"Foram tiradas de você ou você é que desistiu delas?"

Tosh disse, na defensiva: "Você falou que queria uma casa com uma cozinha grande e eu te dei isso. Estou tentando ser um marido bom e fiel, além de um bom pai para o Guy. O que mais você quer?"

Enquanto os dois aguardavam minha resposta, comecei a pensar na secura da minha vida e não consegui conter as lágrimas.

"Eu não tenho amigos. Tosh sente ciúmes até da minha amizade com Yvonne. Ele me obrigou a parar as aulas de dança e fica irritado quando vou à loja de discos, mas o pior de tudo é ser obrigada a mentir quando vou à igreja."

Vivian explodiu. "O quê?"

Falei: "Sempre que consigo escapar nos domingos, vou para a casa de Bailey e Yvonne, e visto minhas roupas de domingo e procuro alguma igreja ali perto para assistir ao culto. Ponho dinheiro na latinha de doações e às vezes, quando me empolgo, deixo meu nome e meu número de telefone."

A risada da minha mãe era sarcástica. "Quer dizer que você precisa mentir para ir à igreja?"

Tosh disse: "Eu já sabia."

"Você andou me seguindo?"

Ele negou e depois acrescentou: "Certa noite, quando você estava no centro comunitário, atendi o telefone. Uma voz pediu para falar com a Irmã Antílope.

"Falei que ali não tinha nenhuma Irmã Antílope."

A voz disse: "Estou tentando falar com a Irmã Maya Antílope. Ela se juntou à nossa igreja no domingo passado e agendamos seu batismo no Lago de Cristal para o primeiro domingo do mês."

Perguntei: "Você decidiu não me contar?"

Tosh disse: "Você decidiu não me contar?"

Minha mãe olhou para nós. "O relacionamento de vocês está baseado em mentiras? Talvez fosse bom pensarem sobre isso. Vamos beber e depois eu levo os dois para casa."

Tosh perguntou: "Foi por isso que você nos convidou?"

"Desde que voltei para cá, percebi que Maya anda tão triste que parece a ponto de cair no choro a qualquer momento. Agora eu entendo."

Tosh perguntou: "E como você pode dar um jeito nisso? Vai dar um pé na bunda de quem agora?"

Ela disse: "Podemos ir? Eu vou pedir a conta."

Tosh disse: "Nós vamos chamar um táxi."

Fiz menção de me levantar para ir atrás dela, mas ela disse: "Não, meu amor, faça como seu marido quer. Só que você precisa pensar no que se meteu."

Eu sentei ao lado de Tosh enquanto ela caminhava até o caixa.

19

Mamãe e eu estávamos tomando café na mesa da cozinha quando Tosh e Guy, agora com sete anos, entraram em casa, vindos de um jogo de basquete. Eu tinha preparado o jantar e posto a mesa. Mamãe me disse que tinha um compromisso e precisava ir embora. Cumprimentou Tosh e Guy, e disse que gostaria de nos levar para jantar fora no sábado. Conhecia um restaurante russo que servia borscht e estrogonofe de carne. Tinha certeza de que iríamos gostar.

Tosh agradeceu o convite, mas disse que não poderia ir. O tom de sua voz deixava claro que ele não gostaria de ir. Minha mãe respondeu com um áspero "Tudo bem, então". Depois deu um beijo em mim e em Guy e se foi.

Perguntei: "Tosh, por que você não quer ir jantar conosco — qual é o seu compromisso?"

"Acho que andamos convivendo demais com sua mãe."

Não respondi nada porque não queria discutir na frente de Guy. Mas isso é apenas parte da verdade: a verdade inteira é que eu não sabia o que dizer.

Guy e eu fomos jantar no restaurante russo e minha mãe não tocou no nome de Tosh, porém ele esteve bastante presente naquela ausência.

Guy perguntou: "Por que o papai não veio jantar?"

Minha mãe olhou para ele e para mim, depois perguntou: "Quando foi que Tosh passou a ser seu pai?"

Respondi: "Os dois decidiram isso juntos."

"Entendi" (isso significava que ela não tinha entendido nada).

A luz do meu casamento estava minguando da mesma forma como o sol se põe no oeste. No início, mal se percebe a penumbra; depois ela é perceptível, mas não alarmante. Então, com um susto, a luz é vencida pela escuridão. Percebi que eu havia perdido o interesse no casamento quando deixei de desejar a intimidade com meu marido e não me preocupava mais em preparar refeições deliciosas. Quando a música perdeu a habilidade de melhorar meu ânimo, precisei admitir que eu não tinha o que eu queria. Eu queria um apartamento para mim e para meu filho.

Tosh me disse que compreendia quando lhe expliquei que sentia saudades dos meus amigos, das aulas de dança e da liberdade de falar em Deus, Jesus e fé sem precisar enfrentar uma discussão arrasadora e exaustiva. Eu não gostava quando ele me obrigava a defender minhas crenças mais básicas.

Tosh encarou minha partida com tanta serenidade que pensei que estivesse aliviado com o fim do nosso casamento.

Guy ficou arrasado com a notícia da nossa separação e jogou a culpa em mim. Sua raiva durou cerca de um ano e, para mim, era impossível explicar a ele que o casamento havia se desgastado. Bailey não conseguia entender por que eu havia desistido da segurança da vida de casada.

Ele achava que sabia o que eu deveria ter feito. "Você só precisava fazer amizade com os amigos de Tosh ou, então, trazer pessoas para a vida de vocês e convencer Tosh de que os amigos eram dele, em primeiro lugar."

Não eram soluções que eu pudesse colocar em prática.

Guy continuava consternado. Em uma família em que os pais foram casados durante toda a vida da criança, o divórcio pode ser doloroso. Porém, quando o casamento só dura três anos e a criança encontra seu primeiro pai depois de passar anos sem ter nenhum, o divórcio é horrível. Novo como era, Guy achara que finalmente poderia ser como as outras crianças. Agora tinha uma mãe e um pai morando na mesma casa. E havia alguém que atenderia em voz alta quando ele chamasse "Papai".

Depois da separação, nós nos mudamos para um pequeno apartamento de dois quartos. Meu filho chorava até pegar no sono com tanta frequência e tanta dor que eu também chorava sozinha em meu quarto.

Contei sobre a nossa situação à minha mãe, que jamais me relembrou que dissera que o casamento não daria certo.

"Isso é normal. E, apesar de ser sofrido, imagine se você tivesse deixado que Tosh levasse embora sua identidade. Guy teria perdido a pessoa de quem ele mais precisa, a mãe. Pelo seu próprio bem, você precisa se preservar, e pelo bem de Guy, você precisa preservar a mãe dele."

Procurei emprego, retomei as aulas de dança e reatei minhas amizades na Melrose Record. Minha vida ainda oscilava, e eu continuava à procura de equilíbrio.

20

Nina (pronuncia-se NAINA) era uma dançarina de striptease que eu conhecera nas aulas de dança. Ela me disse que queria ser uma dançarina séria. Enquanto isso, faturava trezentos dólares por semana tirando a roupa num clube noturno. Ouviu falar que meu casamento tinha terminado e que eu estava à procura de emprego. Sugeriu que eu fizesse um teste no clube em que ela trabalhava. Eu sentei nos fundos do Bonne Nuit Dance Club e fiquei observando as mulheres subirem no palco e deslizarem pelo chão, uma após a outra, tirando peças de roupa e fazendo movimentos sugestivos com os quadris e os seios. Elas paravam depois de retirar os sutiãs, mostrando os mamilos cobertos com lantejoulas. Davam tapinhas em seus fios dentais também de lantejoulas. Faziam reverência para a audiência barulhenta, e basicamente masculina, e depois saíam do palco.

 Para mim, fazer striptease seria tão fácil quanto mascar chiclete e por isso achei que eu não deveria recusar a chance de um trabalho como aquele sem antes pensar. Eu sabia que não queria ficar conhecida como uma dançarina de striptease, mas, por outro lado, a perspectiva de ganhar trezentos dólares por semana era sedutora. Liguei para a minha mãe e contei-lhe meu dilema.

Ela veio até meu novo apartamento e disse: "Vou preparar um figurino para você, e você cria uma coreografia. Se escolher um tema como o de Sherazade, a esposa do sultão, você poderá usar a música *Night in Morocco*, de Duke Ellington. Tenha em mente que, se não vai tirar toda a roupa, precisará usar algo tão minúsculo que o público fique satisfeito por estar vendo quase todo seu corpo. E tem mais: nada de ficar fazendo caras e bocas no palco. Você vai ter de dançar de verdade."

Mamãe e eu fomos a uma loja de figurinos de teatro. Comprei fios-dentais e sutiãs transparentes. Compramos penas compridas, lantejoulas e canutilhos. Minha mãe entendia de costura apenas um pouco mais do que eu. Cobrimos o fio-dental e o sutiã com lantejoulas, canutilhos e penas.

Contratei um tocador de conga chamado Roy, que tocava nas aulas de dança do centro comunitário, e me preparei para o teste no Bonne Nuit Dance Club. Atrás do palco, tirei a roupa e emplastei o corpo todo com maquiagem corporal Max Factor #9. Eu não tinha cicatriz nenhuma, mas a maquiagem fazia com que eu me sentisse mais teatral. Vesti a fantasia minúscula. Roy sentou num banquinho no palco e, dada a deixa, pôs-se a tocar conga.

Descalça e quase nua, eu gritei: "Caravan!", e pisei no palco. Comecei a dançar sensual, sedutora e lentamente. Deixei que a música me arrastasse pelo palco. Peguei ritmo e dancei mais rápido. Novamente gritei: "Caravan!" Dancei mais rápido, rebolando, tremendo e estremecendo o corpo. Desacelerei. Tinha dançado por mais ou menos dez minutos e desacelerei de novo, depois uma vez mais, e então retomei os movimentos lentos e sensuais. Num sussurro alto e teatral, eu disse "Caravan" e saí do palco.

O dono do lugar me deu o emprego. Perguntou: "Qual é o seu nome?"

Respondi: "Rita, a Dançante Señorita."

Quando contei o resultado do teste à minha mãe, ela ficou feliz. Disse: "Não estou surpresa. Você está indo longe neste mundo, meu amor, porque ousa se arriscar. É isso o que você tem de fazer. Você está preparada para dar seu melhor, mas também sabe que, se não der certo, a única coisa a fazer é tentar mais uma vez."

Alguns colunistas populares de São Francisco escreveram sobre minhas performances no Bonne Nuit Dance Club. Os artigos revelaram minha tática com os clientes. Esperava-se que as *strippers* e as *shake dancers* coagissem os clientes a lhes comprarem bebidas, fingindo que as bebidas que eles compravam realmente tinham álcool. Porém, eu contava aos clientes que, se eles me pagassem um drinque, me serviriam água tônica ou refrigerante à base de gengibre e eu receberia apenas uma fração do que os clientes haviam gastado comigo, mas que, se eles comprassem uma garrafa de champanhe vagabundo, de vinte dólares, eu receberia cinco dólares por garrafa. O colunista acrescentou que eu também era diferente em outro aspecto — eu, de fato, sabia dançar.

O povo de São Francisco começou a frequentar cada vez mais o Bonne Nuit Dance Club. Lotavam o lugar para assistir ao meu número de quinze minutos e se ofereciam para me pagar bebidas. Pediam o champanhe barato e davam as costas para as outras dançarinas. Eu não tinha nem sofisticação nem conhecimento de mundo para que eles me julgassem esperta. Um grupo formado por homens e uma única mulher tornou-se cliente regular. A mulher era loira de cabelos compridos e fumava com uma piteira. Falava como eu imaginava que Tallulah Bankhead falaria, e os homens usavam roupas caras, porém casuais.

Eram espirituosos e de trato fácil. É verdade que riam de mim, mas também riam de si mesmos. Certa noite me convidaram para conhecer o Purple Onion, do qual eram donos e onde Jorie Remus, a loira fumante do grupo, era a estrela.

Respondi que eu tinha um filho de sete anos e que passava com ele minha noite de folga. Barry Dew e Don Curry, dois dos donos, disseram que eu poderia levar Guy comigo. Eles nos sentariam num canto. Foi o início de uma rotina: uma vez por semana, eu e Guy jantávamos num restaurante fino, assistíamos a um show no Purple Onion e depois voltávamos para casa.

Na época, São Francisco era um centro de profissionais do entretenimento que se tornaria mundialmente famoso. Gente como Mort Sahl, Barbra Streisand, Phyllis Diller, o

Kingston Trio, Josh White, Ketty Lester e Odetta estavam entre os cantores e comediantes que lotavam os clubes noturnos boêmios.

Certa noite, fui convidada para jantar no apartamento de Barry Drew. A conversa tratava com sarcasmo os cantores de folk.

Perguntei se eles já tinham ouvido calipso, e, em caso positivo, se sabiam que o calipso era, na verdade, música folk. Lembrei a eles que as canções de blues e gospel eram todas música folk. Cantei alguns compassos de uma canção de calipso e eles começaram a aplaudir.

Jorie perguntou: "Quantas músicas como essa você conhece?"

Respondi: "Um monte."

Ela perguntou a Barry: "Sabe o que estou pensando?"

Don, Barry e os outros gritaram: "Maya podia substituir você no Purple Onion quando você for a Nova York!"

Eles disseram que eu faria um sucesso estrondoso e que eu deveria começar a preparar minha estreia.

Conversei sobre o assunto com minha mãe.

Ela me perguntou como eu me sentia em relação à ideia de cantar.

Admiti que estava nervosa e que só tinha cantado na igreja.

Ela perguntou o que aconteceria se eu fosse um fiasco.

"Eles me mandariam embora."

Minha mãe disse: "Você não é nenhuma caloura. Você estava atrás de um emprego quando arrumou este último, e a igreja continua aí para você cantar."

Meus amigos me indicaram um técnico, Lloyd Clark, para selecionar meu repertório e coreografar meus movimentos. Ensaiei com um trio e levava Guy comigo todas as vezes. Depois de quatro meses dançando sensualmente no Bonne Nuit Dance Club, passei a protagonizar a noite no Purple Onion, cantando músicas de calipso. De trezentos dólares por semana, passei a ganhar setecentos e cinquenta.

O pessoal da divulgação do Purple Onion anunciou que sua estrela, Maya Angelou, era uma watusi cubana que cantava calipso. Minha mãe riu até lágrimas escorrerem pelo seu rosto. Disse que nunca tinha conhecido um watusi nem ido a Cuba, mas que poderia jurar que eu era sua filha.

"Eu sei do que estou falando. Eu estava lá quando você nasceu."

Na noite de abertura, minha mãe, Tia Lottie, meu irmão, Yvonne e alguns novos amigos, além de Guy, foram assistir à minha apresentação. Meus nervos estavam em frangalhos. Minha mãe e eu havíamos desenhado os meus vestidos, que depois foram confeccionados por uma amiga dela.

Tosh tinha me dito que seu nome era originalmente Enistasious Angelopoulos e que, quando os gregos encurtavam seus nomes, usavam a terminação *-os* para os meninos e *-ou* para as meninas. Embora eu e Tosh estivéssemos separados, eu conservara o sobrenome Angelou, porque gostava da sonoridade.

O Purple Onion estava lotado. Barry Drew, com sua voz dramática, anunciou: "E agora, a Srta. Maya Angelou, de Havana, Cuba, cantará calipsos!"

Descalça, num vestido exótico que ia até o chão, entrei no palco e comecei a cantar "Run Joe". Eu tinha cantado apenas dois versos quando meu filho passou a cantar junto comigo, lá dos fundos do salão, muito alto e fora do tom. Minha mãe, meu irmão, Yvonne, Barry e Don correram até Guy. Minha mãe pôs a mão sobre a boca dele. A plateia riu, e eu ri. Pedi aos músicos para começarem de novo.

O orgulho de mamãe era evidente. Ela havia trazido suas amigas da Women Elks Organization e da Order of the Eastern Star (organizações secretas de mulheres afro-americanas). Trouxera as marinheiras mercantes com quem ela viajava, e elas me papricaram como se eu fosse Lena Horne ou Pearl Bailey.

Mamãe disse: "Agora você vai navegar um pouco pelo mundo e mostrar ao mundo com quantos paus se faz uma canoa." Ela riu de sua brincadeira espirituosa e eu ri imaginando meu futuro.

21

Uma produtora de *Porgy and Bess* me telefonou e me ofereceu um lugar na ópera. Disse que o papel de Ruby, a namorada de Sportin' Life, estava disponível e que eles queriam que fosse meu, pois eu sabia cantar e dançar. Liguei para mamãe e contei sobre a oferta. O problema é que o musical estava organizando uma turnê pela Europa. Eu queria ir, mas não queria deixar Guy.

"Você não pode desperdiçar essa chance de conhecer a Europa. Tia Lottie e eu vamos cuidar do Guy."

Mas eu tinha medo de que Guy pensasse que eu o tinha abandonado.

Ela disse que, mais cedo ou mais tarde, eu teria de deixá-lo e que eu não podia mantê-lo agarrado na barra da minha saia para sempre. Ao menos dessa vez, ele ficaria em boas mãos.

Sentei Guy na cozinha e expliquei que ficaria longe dele por alguns meses, mas que ele estaria com a Vovó e a Tia Lottie, e que eu mandaria dinheiro toda semana para que ele pudesse ter tudo o que quisesse. Disse que ele precisava se comportar como um menino crescido, como o homenzinho que ele era.

Algumas semanas depois, nós dois seguramos o choro quando entreguei minhas malas ao motorista do táxi. Abracei Guy na porta. Então, ele começou a chorar, porque já estava com saudades da mãe.

Embarquei no avião para Nova York com uma bagagem repleta das minhas melhores roupas e culpa suficiente para durar por um ano.

O elenco de *Porgy and Bess* exibia as melhores vozes operísticas afro-americanas. Leontyne Price, William Warfield e Cab Calloway já estavam na companhia quando me juntei a ela. Os amigos que fiz no elenco me ensinaram mais sobre música em seis meses do que eu aprendera durante toda a minha vida. Tornei-me fluente em francês e espanhol, e cantava todas as noites em clubes noturnos europeus depois que desciam as cortinas da ópera. Dei aulas de dança durante o dia em Paris, também no Teatro Habima de Tel Aviv, em Israel, e no Teatro da Ópera de Roma, na Itália.

Eu me divertia, mas também machucava minha psique com autoflagelação. Por um lado, havia conquistado um lugar seguro no meio teatral, mas, por outro, quando telefonava para Guy em São Francisco, as ligações terminavam com nós dois aos prantos e soluços.

Eu sabia que, se a minha saudade de Guy era grande, a dele era ainda maior. Eu já tinha idade suficiente para saber que, em breve, eu o veria, mas sabia que às vezes ele devia pensar que nunca mais veria sua mãe novamente.

Os anos que passei no Arkansas sem a minha mãe me fizeram entender como uma criança perdida se sente sem o pai ou a mãe.

Embora eu tivesse ido de avião juntar-me ao elenco de *Porgy and Bess*, a culpa me encheu de medo do voo de volta. Pensava que, se o avião caísse, meu filho cresceria dizendo: "Não conheci minha mãe. Ela era do ramo de entretenimento."

Peguei um navio de Nápoles para Nova York (nove dias de viagem) e um trem de Nova York para São Francisco (três dias e três noites de viagem) até finalmente chegar à Fulton Street. O reencontro foi um drama maior do que o dos romances russos. Abracei Guy e ele soluçou junto ao meu peito.

"Juro que nunca mais vou te deixar. Se eu for para outro lugar, quando eu for, e seja lá para onde for, você vai junto, senão eu não vou."

Ele adormeceu nos meus braços. Eu o peguei no colo e o coloquei na cama.

22

Depois de uma semana morando no último andar do casarão da minha mãe, a ansiedade me agarrou mais uma vez. Fiquei convencida de que seria difícil, se não impossível, criar um menino negro feliz em uma sociedade racista. Certa tarde, eu estava deitada no sofá da sala de estar do andar de cima quando Guy passou por mim. "Oi, mãe." Olhei para ele e tive o impulso de pegá-lo no colo, abrir a janela e saltar com ele. Levantei a voz e disse: "Saia. Saia agora mesmo. Saia desta casa neste minuto. Vá para o jardim da frente e não volte mais, nem mesmo se eu te chamar."

Pedi um táxi pelo telefone, desci as escadas e olhei para Guy. Disse: "Agora você precisa entrar e ficar lá dentro até eu voltar, por favor." Pedi ao motorista que me levasse até a Clínica Psiquiátrica Langley Porter. Quando entrei no consultório, a recepcionista perguntou se eu tinha consulta marcada. Respondi: "Não." Ela explicou com um ar triste: "Não podemos atender a senhora, só com consulta marcada." Falei: "Preciso ver um médico. Corro o risco de me machucar, e talvez outras pessoas também."

A recepcionista conversou rapidamente ao telefone e me disse: "Por favor, consultório do Dr. Salsey, no final do corredor à direita, Sala C." Abri a porta da Sala C e minhas esperanças se esvaneceram. Atrás da mesa, havia um jovem rapaz branco que usava um terno da Brooks Brothers e uma camisa social, o rosto cheio de calma confiança. Ele me indicou uma cadeira em frente à sua mesa. Sentei e olhei para ele mais uma vez e comecei a chorar. Como aquele jovem branco privilegiado poderia entender o coração de uma mulher negra, que estava doente de culpa por ter abandonado seu filhinho negro para outras pessoas criarem? A cada vez que eu olhava para ele, as lágrimas inundavam meu rosto. A cada vez ele perguntava qual era o problema e "Em que posso ajudar a senhora?", eu me sentia enfurecida pela impotência da minha situação. Finalmente, consegui me recompor o bastante para me levantar, agradecer e sair. Também disse obrigada à recepcionista e perguntei se ela poderia chamar um táxi para mim.

Fui direto à casa do meu professor de canto, que era meu mentor e a única pessoa com quem eu conseguia falar abertamente, além de Bailey. Enquanto eu subia as escadas até o estúdio de Frederick Wilkerson, ouvi um aluno fazendo exercícios vocais. Wilkie, como o chamávamos, mandou que eu fosse para seu quarto. "Vou lhe preparar um drinque." Deixou o aluno e me trouxe um copo de uísque, que eu tomei, embora na época eu não bebesse. A bebida me deu sono. Quando acordei e não ouvi mais vozes no estúdio, fui até lá.

Wilkie perguntou: "Qual é o problema?"

Eu lhe disse que estava ficando louca.

Ele perguntou mais uma vez: "Qual é o problema de verdade?" Irritada porque ele não tinha me escutado, respondi: "Hoje eu pensei em me matar e em matar Guy. Já te disse, estou ficando maluca."

Wilkie falou: "Sente aqui a essa mesa. Tome esse bloco de anotações amarelo e essa caneta esferográfica. Quero que anote aí suas bênçãos."

Eu disse: "Wilkie, não quero falar sobre isso. Estou lhe dizendo que estou ficando louca!"

Ele falou: "Primeiro diga que você me ouviu dizer 'anote' e pense nos milhões de pessoas em todo o mundo que não conseguem ouvir um coro, ou uma sinfonia, ou o choro de seus próprios filhos. Anote 'Eu consigo escutar — Graças a Deus.' Depois anote que você consegue enxergar esse bloco de anotações amarelo, e pense nos milhões de pessoas em todo o mundo que não conseguem enxergar uma cachoeira, ou flores desabrochando, ou o rosto do seu amado. Anote 'Eu consigo ver — Graças a Deus.' Depois anote que consegue ler. Pense nos milhões de pessoas em todo o mundo que não conseguem ler as notícias do dia, ou uma carta da família, uma placa de Pare numa rua movimentada, ou..."

Fiz o que Wilkie ordenava e, quando cheguei à última linha da primeira página do bloco amarelo, o agente da loucura foi derrotado.

Apanhei a caneta e comecei.

Consigo escutar.
Consigo falar.
Tenho um filho.
Tenho uma mãe.
Tenho um irmão.
Consigo dançar.
Consigo cantar.
Consigo cozinhar.
Consigo ler.
Consigo escrever.

Quando cheguei ao final da página, comecei a me sentir boba. Eu estava viva e saudável. Do que eu podia reclamar? Durante dois meses em Roma, eu havia repetido que a única coisa que eu queria era estar com meu filho. E agora eu podia abraçá-lo e beijá-lo sempre que a vontade aparecesse. Por que diabos eu estava choramingando?

Wilkie disse: "Agora anote 'Sou abençoada. E sou grata.'"

Depois daquele exercício, não importa se o navio da minha vida navega ou não em águas calmas. Se os dias desafiadores da minha existência são ou não iluminados e promissores. A partir daquele encontro, quer meus dias sejam tempestuosos ou ensolarados e minhas noites gloriosas ou solitárias, conservo uma atitude de gratidão. Se o pessimismo insistir em ocupar meus pensamentos, eu me recordo de que sempre existe amanhã. Hoje, eu sou abençoada.

23

Em Los Angeles, comecei a cantar no clube noturno Cosmos Alley. Conheci o grande poeta Langston Hughes e o romancista John Killens. Contei-lhes que eu era poeta e que queria escrever. "Por que você não vem para Nova York?", perguntou John Killens. E acrescentou: "Venha para descobrir se você é de fato uma escritora."

Refleti sobre aquele convite com seriedade.

Pensei: Meu filho tem dezesseis anos. Poderíamos simplesmente nos mudar para Nova York. Seria bom, e eu me tornaria escritora. Eu era jovem o bastante, e tola o bastante também, para pensar que bastava querer para ser.

Telefonei para a minha mãe. "Vou para Nova York e adoraria que você viesse me encontrar em Bakersfield ou Fresno. Queria ficar um pouquinho com você antes de deixar a Costa Oeste."

Ela disse: "Oh, meu amor, eu também quero te ver, porque vou me aventurar no mar."

"Se aventurar onde?"

"Vou me tornar marujo."

Perguntei: "Por quê, Mãe?" Ela tinha licença de agente imobiliária e havia sido enfermeira e era dona de um cassino e um hotel. "Por que você quer se aventurar no mar?"

"Porque me disseram que nenhuma mulher pode participar do sindicato deles. Insinuaram que o sindicato com toda a certeza jamais aceitaria uma mulher negra. Eu disse: 'Querem apostar?' Vou enfiar o pé na porta deles e só tirar depois que todas as mulheres puderem entrar nesse sindicato, embarcar num navio e ir para o mar."

Eu não tive dúvidas de que ela faria exatamente o que disse. Nós nos encontramos alguns dias depois em Fresno, na Califórnia, em um hotel que recentemente passara a permitir a entrada de negros. Eu e ela chegamos ao estacionamento quase ao mesmo tempo. Quando apanhei a minha mala, Mamãe disse: "Ponha isso no chão, ao lado do meu carro. Ponha aí. Agora venha."

Entramos no saguão. Mesmo naquele hotel, que passara a ser não segregado, as pessoas ficaram literalmente espantadas ao verem duas negras entrando. Minha mãe perguntou: "Onde está o carregador?" Alguém caminhou até ela. Então, ela disse: "Minhas malas e a mala da minha filha estão lá fora ao lado do Dodge preto. Por favor, traga-as para cá." Eu a segui enquanto ela ia até o balcão e dizia ao recepcionista: "Sou a Sra. Jackson e esta é a minha filha, a Srta. Johnson. Temos duas reservas."

O recepcionista olhou para nós como se fôssemos criaturas selvagens. Olhou para a agenda e descobriu que de fato tínhamos reserva. Minha mãe pegou as chaves que ele nos ofereceu e acompanhou o carregador com as malas até o elevador.

Lá em cima, paramos em frente a uma porta e ela disse: "Pode deixar minha bagagem aqui com a da minha pequena." Ela deu uma gorjeta ao homem.

Mamãe abriu sua mala e, no topo, sobre suas roupas, havia um revólver calibre 38. Ela disse: "Se eles não estivessem preparados para a integração racial, eu lhes mostraria isso aqui. Meu amor, procure estar preparada para qualquer situação que você possa encontrar pela frente. Não faça nada que acredite ser errado. Faça simplesmente o que acha que é certo e depois esteja pronta para bancar sua decisão, ainda que seja com a própria vida. Tudo o que você disser deve ser dito duas vezes. Ou seja, uma vez você diz para si mesma e, em seguida, se prepara para dizê-lo nas escadarias da prefeitura e esperar vinte minutos até atrair uma multidão. Nunca faça isso para ser notícia. Faça para que todos saibam que seu nome é sua garantia, e que você está sempre pronta para bancar seu nome. Nem toda situação negativa pode ser resolvida com ameaça de violência. Confie em seu cérebro para encontrar a solução e, depois, tenha a coragem de segui-la."

O desafio implícito na frase "Se você conseguir vencer em Nova York, conseguirá vencer aonde for" não intimidava nem a mim nem ao meu filho. Por outro lado, nós nos mudamos para o Brooklyn, e não para Manhattan.

Encontrei uma casa de dois quartos no Brooklyn e Guy passou a frequentar a escola ali perto. Eu cantava num clube noturno de Manhattan, e Guy arrumou um emprego de meio período numa padaria do Brooklyn. Ele me entregava parte do seu salário e parte dos produtos que lhe davam na padaria, e nós vivíamos como marajás. Comecei a escrever canções com Abbey Lincoln e Max Roach e me juntei à Harlem Writers Guild.

Os acompanhantes eram muitos e satisfatórios. Em sinal de respeito a Guy, contudo, eu nunca permitia que ninguém dormisse em nossa casa. Se eu passasse a noite com um amigo, sempre dava um jeito de chegar em casa antes do amanhecer. Eu estava aprendendo a escrever, graças ao incentivo e à orientação dos membros da Harlem Writers Guild.

Depois de morar no Brooklyn por um ano, eu me sentia pronta para encarar Nova York com tudo. Quando apareceu um apartamento no Central Park West, eu o aluguei. Guy, eu e alguns amigos empilhamos nossos móveis num furgão de mudança e nos mudamos para o coração da cidade que nunca dorme. Depois que eu já estava instalada em Nova York, minha mãe veio nos visitar. Ofereci um jantar a ela. Ela aprovou meu apartamento e meus amigos. Foi até a escola de Guy e conheceu o diretor, e ficou satisfeita por ele estar no lugar certo na hora certa.

Depois de ter sido convidada para aparecer no programa de tevê de Bill Moyers, eu, junto com Rosa Guy e minha mãe, fui convidada para uma festa na casa dele em Long Island. Minha mãe e eu entramos na limusine que parou na frente do meu apartamento. Nós nos apresentamos ao passageiro que já estava no carro. Era um funcionário da emissora de Moyers. A limusine nos levou até o prédio de Rosa Guy, na Riverside Drive, que no passado já tivera seus dias de elegância. Agora, traficantes e usuários de drogas ocupavam o edifício defronte ao de Rosa, e os objetos finos que um dia haviam ocupado o saguão do prédio desapareceram. Os tapetes e sofás haviam sido roubados e a caixa de correio, vandalizada.

Quando a limusine parou diante do edifício, Mamãe perguntou: "Qual é o número do apartamento de Rosa? Vou chamá-la." Ela disse ao nosso companheiro de limusine para ir com ela.

Falei: "Não, Mamãe, deixa que eu vou. Você fica aqui."

Ela disse com firmeza: "Não, não, eu vou. Já falei que vou entrar." Ao homem no assento ao meu lado, ela repetiu mais uma vez: "Você vem comigo."

Acho que ele estava com mais medo da Mamãe do que daquele prédio sinistro de apartamentos do Harlem. Eles entraram no saguão caindo aos pedaços e encontraram o elevador. Quando entraram nele, Mamãe apertou o botão do sexto andar, mas o elevador desceu até o porão. A porta se abriu e um homem entrou e olhou para a mulherzinha negra e o homenzinho branco e perguntou: "Para onde vocês vão?"

Minha mãe deu um tapinha na sua bolsa e disse: "Eu vou até o fim. Eu vim aqui para ir até o fim. E você, até onde vai?"

O homem desceu do elevador no primeiro andar.

24

Porgy and Bess seria transformado em filme, com Diahann Carroll no papel de Bess e Sidney Poitier como Porgy.

Otto Preminger era o diretor e, quando ele viu que eu tinha um metro e oitenta e três de altura e Sammy Davis Jr., que interpretaria Sportin' Life, cerca de um metro e sessenta, pediu a Hermes Pan, o coreógrafo, que criasse uma dança para nós dois.

Durante as filmagens na Califórnia, fiz amizade com Nichelle Nichols, a atriz que mais tarde seria a Tenente Uhura em *Jornada nas estrelas*. O homem que estava saindo com ela era amigo do que estava saindo comigo e, como tínhamos um fim de semana prolongado pela frente e estávamos perto de São Francisco, convidei-os para irem até lá, onde eu tinha crescido, para lhes mostrar a cidade. Eles aceitaram meu convite.

Liguei para Mamãe e disse que queria levar três pessoas que desejava apresentar a ela e que "aproveitaríamos" São Francisco.

"Oh, meu amor, venha sim, querida, venha sim. Venha para casa primeiro. Venha."

Chegamos à casa da minha mãe na Fulton Street. Depois das apresentações, ela nos ofereceu bebidas. Quando estávamos de saída para nos divertir, minha mãe disse: "Voltem lá pelas duas e meia, não mais que isso, e eu preparo umas omeletes ou crepe suzettes. Voltem e me contem quanto se divertiram."

Tivemos uma maravilhosa noite à la São Francisco e de fato voltamos para a casa de Mamãe, que já tinha separado as frigideiras de omelete e colocado uma garrafa de champanhe no gelo. Tivemos um jantar pós-teatro com ela. Minha mãe mostrou a Nichelle e seu parceiro onde poderiam dormir e mostrou ao meu acompanhante onde ele poderia dormir. Em seguida me perguntou: "Meu amor, você dorme comigo?"

Eu disse: "Claro."

"Preparei um banho para você."

Deliciei-me com o banho, e, quando cheguei ao quarto dela, ela já estava de camisola. Eu me deitei ao seu lado e ela falou: "Meu amor, ligue para esse número e peça para falar com o Sr. Thomas, e diga que é uma chamada de longa distância. Peça para falar com o Sr. Cliff Thomas."

Disquei o número e uma voz feminina perguntou: "Sim?"

Falei: "Bom dia, esta é uma chamada de longa distância para o Sr. Cliff Thomas."

A voz começou a berrar. "Sua vagabunda, você sabe que essa chamada não é de longa distância!" Desliguei o telefone. "Mãe, a mulher disse..." Repeti as palavras da mulher.

"Filho da puta, ele está lá com a esposa."

"E onde mais ele estaria?"

"Não, eles estão separados há três anos, e eu e ele estamos juntos há pelo menos dois. Agora sei que ele está tentando voltar com ela. Perguntei a ele: 'Você quer voltar com ela? Não minta para mim; você quer voltar?' Ele disse 'Não, não'. Ontem passei de carro em frente à casa dela e o carro dele estava estacionado na calçada. Quero saber o que ele está fazendo lá e por que está mentindo para mim."

Falei: "Ah, Mãe. Vem cá, Mãe, não se preocupe." Eu a abracei e afaguei seus ombros. "Você sabe que está tudo bem. Sei que você vai dar um jeito nisso. Calma." Assim continuei murmurando para ela e adormeci.

Uma voz grave de homem me despertou. "Obrigado, Srta. Myra. Ooooh, obrigado, Srta. Myra, oooohhh." O homem chorava: "Ooooohhh, obrigado, srta. Myra."

Eu me sentei na cama e vi um homenzarrão ajoelhado ao pé da cama e minha mãe de pé com a mão enfiada dentro de um saco de papel. O homem estava chorando. Ele urinara em si mesmo e provavelmente fora mais longe, a julgar pelo fedor do quarto.

"Meu senhor, levante-se. Levante e vá embora. Vá."

"Oooohhhh, obrigado, Srta. Myra." Ele se levantou e saiu apressado até a porta. Eu apanhei o saco de papel.

Dentro, Mamãe havia guardado sua pistola Luger alemã. "Mãe, o que você está fazendo?"

"Ah, meu amor, você não sabe como eles me tratam."

"Bem, não tratam você assim por muito tempo, obviamente."

"Sabe, ele estava lá, como eu suspeitava, com a esposa."

"Mas, Mãe, o que você fez para que ele viesse para cá?"

"Bem, depois que você caiu no sono, eu me levantei, tomei outro banho, passei creme no corpo e me vesti. Então, como eu não tinha mais nada para fazer, apanhei as minhas chaves, entrei no carro e fui até a casa dela. Toquei a campainha. E, quando a esposa dele abriu a porta, enfiei a pistola na cara dela e disse: 'Vim atrás do seu marido'."

Ela disse: "Aqui está ele."

Falei para ele: "Vai, senta no banco do motorista que vou te mostrar por que você está vivo esta manhã."

Mandou que ele dirigisse até a casa dela. Disse-lhe: "Entre. Abra a porta do quarto e se ajoelhe, porque, se não fosse pela minha filha querida, você não estaria inteiro esta manhã."

Depois que ele foi embora, eu disse à minha mãe: "Você sabe que eu trouxe amigos para cá. Eles acham que sou maravilhosa e só estão nesta casa porque os convidei. Nichelle Nichols e o acompanhante dela e o meu, que são artistas bastante conhecidos, até mesmo famosos, acabariam todos envolvidos num assassinato. Acha isso justo comigo?"

Ela se aproximou de mim e disse: "Meu amor, você sabe que eu não fiz nada com aquele homem. Ele é que fez algo comigo. Sabe, meu amor, você precisa se proteger. Se não se proteger, vai parecer uma tola pedindo a outra pessoa para te proteger." Pensei naquilo por um segundo. Ela tinha razão. Uma mulher precisa ser capaz de resolver as próprias coisas antes de pedir a alguém que as resolva por ela.

Ela poderia ter escolhido outra hora para se afirmar e impor seus direitos que não a noite em que meus ilustres amigos estavam hospedados em sua casa. Mas não fez isso, e essa era Vivian Baxter.

Anos mais tarde, um amigo me levou para arrumar o cabelo em um salão da Fillmore Street por volta das dez da manhã. O cabeleireiro estava ocupado e perguntou se eu poderia voltar dali a mais ou menos uma hora. Havia um bar aberto do outro lado da rua; afinal, era São Francisco. Meu amigo e eu fomos até lá. O *bartender* parecia familiar. Depois que pedimos nossos drinques, falei ao meu amigo Jim: "Você perguntaria ao atendente o nome dele?"

Jim perguntou-lhe: "Com licença, qual é o seu nome?"

"Eu me chamo Cliff." Em seguida, ele olhou para mim. "Pergunte a ela se me conhece. Eu conheço a mãe dela."

Então falou diretamente comigo. "E sua mãe, como anda, boneca?"

Respondi: "Bem, obrigada."

Ele disse: "Acabei de visitá-la em Stockton. Que mulher fenomenal!" Mais que ninguém, ele deveria saber.

25

Lady juntou-se a algumas de suas amigas da Women Elks Organization e a membros da Order of the Eastern Star e da Older Women's League (OWL), e formou um grupo que chamou de Stockton Black Women for Humanity.

Incluiu nele algumas de suas amigas brancas, uma juíza, uma costureira que vendia modelos maravilhosos e duas enfermeiras, a quem chamava de "mulheres negras honorárias". Todas elas reuniam roupas, que mandavam para lavanderias.

Ela usava uma de suas garagens como armário, onde organizava as peças por tamanho e cor. Havia calças femininas, vestidos de verão e roupas formais. A seção masculina, de calças e camisas de trabalho e calças e camisas sociais, também tinha lugar próprio. Roupas infantis eram organizadas por tamanho.

O Stockton Black Women for Humanity oferecia bolsas de US$ 350 a alunos que concluíssem o penúltimo ano da escola. Minha mãe dizia que muitos estudantes abandonavam a escola após o penúltimo ano do ensino médio porque não tinham roupas bacanas para usar em seu último ano escolar. As bolsas eram concedidas na forma de dinheiro e cartões de presente que os alunos podiam utilizar nas lojas de departamento Sears e J.C. Penney.

Certa tarde, fui visitar Mamãe em sua casa em Stockton. Ela estava tão bem-humorada que não conseguia parar de rir. Quando perguntei o que havia de tão engraçado, ela disse que, um mês antes, a prefeita de uma cidadezinha próxima lhe telefonara dizendo: "Lady Baxter, sabemos que a senhora é famosa por conhecer todo mundo em Stockton e por ser boa e generosa com todos. Sou a prefeita desta cidade e temos uma situação delicada que eu não consegui resolver."

A mulher continuou: "Temos aqui um homem e uma mulher, seus filhos adolescentes e a mãe do homem, todos morando em um carro. Eles estão procurando emprego há duas semanas, sem sucesso. Se eu pedisse que eles fossem até aí, a senhora os ajudaria? São todos saudáveis e querem trabalhar."

Mamãe perguntou: "Há quanto tempo eles estão dormindo no carro?"

A prefeita disse: "Há mais de uma semana."

Mamãe disse-lhe: "Muito bem, deixe que durmam no carro esta noite, mas aqui está meu endereço. Peça que venham à minha casa amanhã às sete da manhã. Farei o máximo que puder."

Na manhã seguinte, a família chegou e Lady os mandou até a garagem para que apanhassem roupas limpas; depois deu-lhes toalhas e mandou que tomassem banho e se vestissem.

Quando a família retornou, Mamãe preparou um farto café da manhã e eles comeram com apetite. Lady, que já havia telefonado para seus amigos, mandou as roupas da família para a lavanderia e encontrou-lhes empregos como embaladores em supermercados e funções em postos de gasolina e estacionamentos. Antes de anoitecer, ela já havia encontrado acomodação para a família.

Semanas se passaram, e a prefeita telefonou para minha mãe no dia anterior à minha chegada. Disse: "Lady Baxter, muito obrigada pelo que a senhora fez pela família que encaminhei até aí. Estou em Stockton, e, se a senhora tiver café em casa, adoraria ir até aí para tomar uma xícara com a senhora."

Minha mãe respondeu: "Pode vir."

Alguns minutos mais tarde, a campainha tocou, ela abriu a porta e uma mulher branca de meia-idade lhe disse: "Gostaria de falar com Lady Baxter."

Vivian Baxter respondeu: "Está falando com ela."

Quando Mamãe me contou isso, gargalhando sem parar, falou que a prefeita olhou para ela e quase cagou nas calças. Imaginara que minha mãe fosse branca. A prefeita era branca e a família que ela havia enviado aos cuidados da minha mãe era branca. Ela não compreendia que a Stockton Black Women for Humanity fora criada para servir aos seres humanos como um todo: brancos, negros, hispânicos e asiáticos; gordos, magros, bonitos, sem graça, ricos, pobres, gays e héteros.

Mamãe disse: "A prefeita sentou e tomou meia xícara de café. Estava tão pouco à vontade que logo disse que precisava ir. Eu a acompanhei até a porta e, Deus sabe que é verdade, senti pena dela."

26

Mamãe telefonou. Sua voz não tinha a força costumeira. "Preciso te ver. Pode vir a São Francisco por uma semana? Eu ajudo com a passagem de avião."

Eu não precisava do dinheiro, mas queria saber o motivo daquela urgência. "Você está doente?"

"Sim, mas já fui ao médico e tudo vai ficar bem."

"Amanhã estarei aí."

"Quando chegar a São Francisco, não vá para minha casa. Estou hospedada na casa de uma mulher doente."

"Você não está bem e está cuidando de outra pessoa?"

"Sim, mas eu vou embora no final desta semana. Ah, meu amor, você vai entender tudo quando chegar."

Na noite seguinte, peguei um táxi no aeroporto de São Francisco e pedi ao motorista que me levasse até os Stonetown Apartments. Imediatamente soube que a paciente da minha mãe era branca. Eu nunca tinha ouvido falar de nenhum afro-americano morando naqueles apartamentos.

Mamãe me recebeu quando saí do elevador. Um sorriso envolveu todo o seu rosto. Ela estava tão feliz de me ver que resplandecia. Apanhou minha mala e me conduziu para dentro do apartamento. Sentamos no canto da sua cama e ela afagou meu rosto e minha perna. Não parecia muito forte, mas o que quer que a estivesse incomodando levara muito pouco do seu ânimo embora.

"Não se preocupe. Não estou tão doente assim, mas preciso organizar minhas propriedades. Seu irmão chega amanhã do Havaí."

As coisas eram mais sérias do que eu havia imaginado, ou do que ela queria deixar transparecer.

Perguntei sobre a mulher para quem ela estava trabalhando. Ela disse que a mulher tinha três enfermeiras e que elas trabalhavam três dias e três noites seguidos. As criadas tinham turnos de oito horas, mas as enfermeiras precisavam trabalhar vinte e quatro horas. Aquele era o primeiro dos três dias da minha mãe.

Perguntei qual era o problema da sua empregadora. Ela respondeu: "Não é nada médico, na verdade, ela esqueceu quase todo o seu passado. Ela se lembra de algumas coisas da sua infância, mas todo o resto se foi. Tem uns oitenta anos e acha que eu sou sua irmã mais velha. É branca, tem um ligeiro sotaque, mas tenho a impressão de que é americana."

Mamãe foi até a cozinha e preparou um sanduíche para mim. Trouxe-o e tomamos uma taça de vinho à mesa. Enquanto comíamos, ela disse que, quando eu acordasse no dia seguinte, depois de tomar meu banho, eu deveria descer o corredor até a sala de estar. Ela já tinha avisado a criada sobre a minha vinda, portanto eu deveria apenas cumprimentá-la dizendo: "Olá, Srta. Susan."

Acordei um pouco tonta na manhã seguinte: talvez fosse a quantidade de álcool que eu havia tomado, ou quem sabe fosse só o *jet lag* que me fazia cambaleante.

Desci o corredor e vi os sapatos e as meias brancas da minha mãe. Mamãe estava sentada no sofá e, quando cheguei mais perto, vi uma mulherzinha sentada no sofá em frente a ela. Um borrão de cores fortes sobre a sua cabeça me deu a impressão de que a parede tinha enlouquecido. Sufoquei um grito. Minha mãe se levantou de um pulo e veio até mim. Segurou minhas mãos. "O que aconteceu, pelo amor de Deus?", perguntou. Quando me virei para olhar minha mãe, a região ao redor da sua cabeça também parecia estar borrada de cores enlouquecidas, berrantes. Eu nunca tivera uma experiência como aquela em toda minha vida. Fiquei abalada. Minha mãe me segurou firme. "O que foi? O que foi?"

Eu não conseguia falar.

A mulherzinha branca se aproximou de mim e segurou minha mão. Num tom sussurrado, disse: "Olá, querida. Sei quem você é. Você é a filha da minha irmã. Ela me avisou que você viria. Você é a filha de Vivian." Ela deu um tapinha na minha bochecha. Eu me afastei, achando que, sinceramente, eu tinha enlouquecido.

Lágrimas desciam pelo meu rosto e eu não sabia o motivo. Minha mãe também não, porém a mulherzinha disse: "Ah, mas é claro que eu sei por que ela está chorando. É por causa dos Matisses." Olhei para ela e, em seguida, olhei por sobre sua cabeça e vi que ali havia um Matisse, com cerca de dois metros por dois metros, e outro igualmente grande acima do sofá no qual minha mãe estava sentada. Tantas cores e tanta ação confinadas num espaço tão estreito eram mais do que eu podia suportar.

A mulher disse: "São apenas Matisses. Venha, minha querida, venha cá. Oh, Vivian, não tenha medo, ela está bem. É somente a força do trabalho de Henri."

A mulher segurou minha mão e, embora eu estivesse tremendo, deixei que ela me guiasse pelo apartamento. Ela tinha pinturas originais de Picasso, Matisse, Rouault; enormes quadros adornavam a parede daquele apartamentozinho de São Francisco. Havia até mesmo um pequeno busto masculino, que ela afagou e disse: "Este é o Leo. Ele quer se casar comigo. É um homem bom. Vem me visitar e até que ele me agrada, mas ainda não respondi que sim. Picasso criou isso para mim. É um busto de Leo."

Voltei ao quarto da minha mãe e pensei na experiência que eu acabara de vivenciar. Eu havia tido uma reação física à arte. Respirei fundo e me senti aliviada. Pela primeira vez na minha vida, a arte parecia ter uma qualidade tonal. Eu quase podia escutá-la, como se fosse um grande acorde de uma peça sinfônica.

Quando finalmente consegui certo equilíbrio, fui me sentar na cozinha. Mamãe juntou-se a mim. Ela me apresentou à Sra. Stein, que também se sentou conosco. A

Sra. Stein explicou à minha mãe que às vezes os artistas reagem de maneira bastante estranha ao verem obras de outros artistas.

"Sua filha chorou porque é uma artista, e é minha sobrinha, e naturalmente é muito, muitíssimo sensível."

Pensei na ironia daquela mulher, que havia esquecido a maior parte da própria vida. Ela havia esquecido que estivera casada com o mesmo homem durante mais de cinquenta anos... porém, lembrava-se da arte.

Fiquei ali com minha mãe por dois dias. Então, fui até sua casa e a esperei.

Quando ela chegou, explicou que a Sra. Stein era viúva de Leo Stein, irmão de Gertrude Stein. Eles tinham morado em Paris e colecionado grandes obras de arte no início do século XX. O Sr. e a Sra. Stein, então, retornaram a São Francisco, onde ele morreu.

Os filhos dela haviam montado um apartamento para a mãe. Todos os funcionários contratados para cuidar dela eram cuidadosamente selecionados e tinham obrigações contratuais. A Sra. Stein, por sua generosidade e falta de memória, era capaz de doar obras de arte a seus empregados, que estavam informados de que deveriam telefonar para o administrador do espólio e avisar sobre o presente. Ele providenciaria para que a obra de arte fosse retirada e guardada. A família da Sra. Stein, porém, permitia que o restante das obras permanecesse com ela até que ela as doasse.

Minha mãe disse que aquilo era uma expressão de inteligência e amor. A família da Sra. Stein sabia que, para ela, as obras de arte nas paredes eram mais reais do que eles mesmos. A presença daquelas obras no apartamento dava-lhe a garantia de que ela existia e de que a sua existência era importante.

27

O inverno em Estocolmo é quase insuportável. O frio ataca o corpo e a escuridão agride a alma. Nessa época, o sol nasce, ou tenta nascer, no mínimo às dez da manhã. Por volta das três da tarde, ele retorna desgraçadamente para o escuro, onde descansa até a manhã seguinte, quando, mais uma vez, tenta brilhar.

Eu estava em Estocolmo porque ali estava sendo filmado um dos meus roteiros. A música que eu vinha compondo para o filme seria gravada nos estúdios da Rádio Sueca.

As estrelas do filme eram atores de teatro americanos bastante conhecidos, e no elenco havia também dois atores de cinema.

A peça era sobre uma cantora de boate afro-americana que era uma celebridade na Europa. Eu me baseei na personalidade de Eartha Kitt para criar a personagem. A atriz que interpretava o papel não era cantora, portanto compus para ela músicas que pudessem ser simplesmente faladas no tom certo, mais ou menos da mesma maneira como Rex Harrison fizera em *A noviça rebelde*. A atriz veio ao meu apartamento em Nova York para me agradecer. Ela estava feliz por eu ter possibilitado que ela conseguisse o papel principal compondo músicas simples que ela não precisaria cantar. Eu também criara um personagem para Roscoe Lee Browne, mas este acabou indo para outro ator porque Browne estava comprometido com um filme estrelado por John Wayne.

Fui a Estocolmo para conhecer o diretor e a equipe de filmagem. Estava sentada no saguão do hotel quando um jovem rapaz afro-americano me avistou e veio correndo. Ele se ajoelhou. "Maya Angelou, a senhora é maravilhosa. Você realmente é nosso Shakespeare, e eu lhe agradeço por esta chance. Eu vou me sair bem e a senhora vai se orgulhar de mim."

Eu lhe disse: "Não se ajoelhe, por favor. Às vezes as pessoas colocam as outras em pedestais para vê-las com mais clareza e derrubá-las com mais facilidade. Levante-se."

"Não, eu quero que a senhora saiba que acho que a senhora é nosso Shakespeare."

Falei: "Ah, por favor, pare já com isso. Se você continuar de joelhos, vou me ajoelhar também, e, se você se deitar no chão, vou me deitar no tapete." Por sorte, ele acreditou nas minhas palavras e se levantou.

O elenco e a equipe tinham se reunido. Haviam escolhido um diretor sueco. Eu o acompanhei na busca de locações. As filmagens começaram. A estrela, exatamente como estava no papel, tornou-se uma verdadeira rainha do glamour. Sua maquiagem era extremamente profissional e as perucas luxuosas que ela usava flutuavam ao redor do seu rosto. Com o avançar da trama, ela, de vez em quando, retirava as perucas. Era linda de se ver. Por baixo da caracterização, seu cabelo estava trançado rente ao couro cabeludo, num estilo frequentemente usado pelas mulheres afro-americanas. Nenhum dos cabeleireiros suecos sabia como fazer aquelas tranças. Fui obrigada a ir ao set de manhã bem cedo para trançar eu mesma o cabelo da estrela. Gostei daquela oportunidade, pois assim podia ver de perto como se faziam filmes. Desenvolvi uma nova ambição. Desejava dirigir um filme. Todos os dias, eu ia para a locação ansiosa por aprender mais.

Ao final da terceira semana, comecei a entender como se montavam as luzes e vi como era possível trocar de câmera para rodar as cenas. Em 1972, eu não conhecia nenhum lugar nos Estados Unidos onde uma mulher negra de quarenta anos pudesse aprender a filmar, e fiquei feliz por aquela chance.

No início da quarta semana, a estrela contou ao diretor que, quando eu estava no set, ela ficava nervosa. E que ela não conseguia atuar quando estava nervosa. Sentia muito, mas não me queria no set. O diretor, que, imagino, nunca tinha apertado a mão de uma pessoa negra antes, deve ter ficado entre o Mississippi e o Mar do Norte. Escolheu a saída mais fácil e pediu que eu fosse para o set somente para trançar o cabelo dela e que, em seguida, fosse embora.

Na semana seguinte, o ator que interpretava o papel que eu havia escrito para Roscoe Lee Browne decidiu que retornaria para Nova York. Iria voltar porque, segundo ele, o estúdio providenciara joias de verdade para a estrela, enquanto ele só ganhara zircões. Disse que não tinha ido até a Suécia para ser tratado como um cidadão de segunda classe. Fui até seu hotel e o encontrei em sua suíte com alguns de seus amigos suecos. Suas malas feitas estavam no corredor.

Falei para ele: "Por favor, o que você está fazendo? Você sabe que já filmamos quatro semanas. Esta é a primeira vez que uma mulher negra teve um roteiro filmado por um grande estúdio de cinema. Não dá para chamarmos outro ator. Você falou que queria esse papel."

"Quem diabos você pensa que é, Shakespeare?"

Abaixei a voz. "Posso falar com você no seu quarto?"

Ele olhou para cima, torceu a cara, fez um gesto para enxotar os amigos e depois concordou em entrar no quarto. Assim que fechei a porta, ajoelhei no chão. "Estou fazendo algo muito perigoso. Eu me ajoelhei para você." Falei: "Por favor, eu imploro que você reconsidere." Ele me disse o que eu poderia fazer comigo mesma, o que era uma impossibilidade sexual.

Eu me levantei e me transformei em Vivian Baxter. Falei: "Obrigada, seu merdinha idiota! Agora eu vou ficar acordada a noite inteira e o dia inteiro reescrevendo o restante do seu papel, para tirá-lo do roteiro. Você vai ser atropelado por um ônibus sueco. Prometo que, quando você morrer, vou fazer a plateia aplaudir."

Ele rapidamente ficou sério. "Escute, não foi bem isso o que eu quis dizer, Maya. Eu só queria saber quanto você realmente me quer." Ele foi até o corredor e pegou suas malas, trazendo-as de volta.

Voltei para o meu hotel e telefonei para a minha mãe. Não a chamei nem de "Lady" nem de "Mãe". "Mamãe, preciso de apoio materno. Se você sabe oferecer esse apoio, é disso que preciso agora. Vou te enviar um cheque e, assim que você o receber, por favor marque um voo para Estocolmo."

Ela disse: "Meu amor, se algum avião estiver de partida de São Francisco para Estocolmo, é nele que eu estarei. Amanhã de manhã me apanhe no aeroporto de Estocolmo."

Eu sabia que, se ela tinha dito que estava vindo, estava mesmo. Às onze da manhã, pedi a Jack Jordan, um dos produtores do filme, para me acompanhar até o aeroporto. Fomos ao bar e, enquanto esperávamos, bebíamos sem parar, até que, por fim, Jack precisou ser mandado de volta ao seu hotel.

Eu fiquei sentada no aeroporto esperando minha mãe chegar para me dar apoio materno. O avião finalmente pousou, e fui até a área onde era possível ver minha mãezinha descer os degraus, oscilando em seus saltos altos. Estava vestida com um típico vestido Vivian Baxter, e seus diamantes cintilavam. Acenei para ela e ela acenou de volta com um gesto diminuto e militar. Assim que ela passou pela área de segurança, nós nos abraçamos.

"Deixe que eu pego as malas."

"Não. Providencie alguém para pegá-las e guardá-las. E me leve até o bar. Estou vendo que você já descobriu onde fica." Portanto, logicamente, eu a levei até o bar. Minha mãe disse ao atendente: "Sirva para minha filha um uísque com água; não me interessa se ela precisa de um ou não. Eu também vou querer um uísque com água. Você tome o que quiser, e ofereça a todos os que estão aqui um drinque por minha conta."

Minha inteligente, glamorosa e sofisticada mãe voltou a sentar em seu banquinho. Como de costume, ela estava no comando. Virou-se e me encarou diretamente. "Meu amor, deixa eu lhe dizer uma coisa: um cavalo precisa do rabo em mais de uma estação." O que diabos isso queria dizer? Eu havia mandado chamá-la porque precisava dela desesperadamente, e ela me vinha com aquele provérbio completamente desconcertante. Pedi: "Por favor, repita."

"Um cavalo precisa do rabo em mais de uma estação. Veja, um cavalo que acha que, quando o verão acabar, poderá livrar-se do apêndice colado em sua bunda, para o qual ele nem precisa olhar, é um maldito idiota. Se o cavalo viver, a primavera chegará e as moscas voltarão, e vão começar a incomodar o cavalo. Quando as moscas irritarem seus olhos, e suas orelhas, ele dará qualquer coisa por um único minuto de paz.

"Meu amor, agora eles estão te tratando como o rabo de um cavalo. Deixa eu te dizer o seguinte. A única coisa que você precisa fazer é terminar seu trabalho. Se essas pessoas viverem, voltarão a te procurar. Podem se esquecer de como te trataram mal, ou fingir que se esqueceram, mas preste bem atenção: elas voltarão a te procurar. Nesse meio-tempo, a Mamãe está aqui. Vou cuidar de você, e vou cuidar de qualquer pessoa que você diga que precisa de cuidados, da maneira como você disser. Estou aqui. Trouxe todo o meu ser até você. Eu sou a sua mãe."

Eu subloquei um apartamento para que pudéssemos ficar confortáveis. Minha mãe ficou comigo durante todo o período das filmagens.

Todas as manhãs, eu ia até a locação para trançar o cabelo da estrela. E todas as manhãs, até que eu terminasse, a equipe aguardava para começar a filmar. Não montavam as luzes nem posicionavam as câmeras. O diretor e os atores ficavam em silêncio até eu ir embora. Nos primeiros dias após a chegada de Mamãe, usei todo autocontrole para segurar as lágrimas. Aos poucos, fui permitindo que a presença da minha mãe me desse forças. Quando eu atravessava o gramadinho adjacente ao nosso prédio, via minha mãe de pé junto à janela com uma xícara na mão e um enorme sorriso no rosto. Eu pegava o elevador envidraçado até o andar dela e minha mãe me recebia com uma xícara de café fumegante.

Todas as manhãs ela dizia a mesma coisa. "Oi, meu amor, entre. Aqui estão um café e um beijo para você." Ter minha mãe ali para me beijar e me oferecer café me fazia sentir como uma menininha, como se ela estivesse me deixando sentar no seu colo. Ela afagava meus ombros e minhas costas, e murmurava palavras para mim. Parei de sentir pena de mim mesma.

Mamãe descobriu onde ficavam as lojas. Às vezes ela me pedia para acompanhá-la. Aprendeu a circular pela região. Perguntou se havia alguma pessoa agradável no elenco. Quando respondi que sim, ela disse que eu poderia convidá-los.

Minha mãe preparava frango frito, purê de batata, verduras, repolho ou couve. Sempre comprava uma sobremesa. O bar estava sempre abastecido. Ela era uma grande contadora de histórias e entretinha meus amigos como se fossem seus. Minha mãe era irresistível (quando queria) e todos se apaixonavam por ela, quando ela queria.

Percebi que, depois de algum tempo, no set, as pessoas começaram a me tratar diferente. De início, aquilo foi um pouco desconcertante. A estrela começou a sorrir para mim com mais frequência enquanto eu trançava o seu cabelo. O homem que tinha ameaçado ir embora, e nos deixar num beco sem saída, voltou comentando que grande escritora eu era e quanto ele se sentia honrado. Comecei a me perguntar o que tinha provocado aquela mudança em todos. Eu não tinha feito nada de incomum. O salário deles não havia aumentado, e as horas de trabalho não haviam diminuído.

Certa manhã, quando eu estava de saída, o diretor disse que eu não precisava mais me afastar do set. O que tinha acontecido? Por que eles haviam mudado a forma como me tratavam? Cheguei à conclusão de que era porque eu tinha uma mãe. Ao falar com os outros, e comigo, minha mãe me punha nas alturas. Porém, o mais importante, ela estava sempre ao meu lado, não importava se eles a tinham visto de fato ou se apenas tinham ouvido falar dela. Ela estava ao meu lado, oferecendo apoio. Este é o papel de uma mãe e, naquela visita, eu de fato enxerguei com clareza, e pela primeira vez, por que uma mãe é realmente importante. Não é apenas porque ela alimenta, ama, afaga e até superprotege um filho, mas porque, de uma maneira interessante, e talvez misteriosa e sobrenatural, preenche as lacunas. Ela se posiciona entre o desconhecido e o conhecido. Em Estocolmo, minha mãe derramou seu amor protetor sobre mim e, sem saber por quê, as pessoas intuíram que eu tinha valor.

Eu jamais permanecia no set depois de trançar o cabelo da estrela. Contava com a sorte para me dar outra chance de aprender cinematografia.

Mamãe entendeu isso. Ela disse: "Você é minha filha. Não leve desaforo para casa. Você é dona do seu próprio nariz."

Depois que terminamos as músicas, comecei a pensar na minha mãe como maruja. Ela havia navegado de São Francisco para o Havaí, de lá para o Taiti, para Bora-Bora e para a Nova Zelândia. Conhecia o Pacífico, mas nada da Europa. Perguntei se ela me acompanharia até Paris e, em seguida, até Londres, e quem sabe navegaria pelo Atlântico de volta para Nova York. Ela disse que seria um prazer. A ideia de levar a minha mãe para a Europa de certa maneira me libertou do meu medo de avião.

Encontrei um pacote com um voo que ia de Estocolmo para Paris com estada de uma semana em um hotel modesto. Passaríamos alguns dias em Paris e iríamos para Londres, depois pegaríamos um navio até Nova York. De lá, Mamãe seguiria viagem para a Califórnia.

Nós nos despedimos dos amigos em Estocolmo e embarcamos no avião. Na época, tanto eu como minha mãe éramos fumantes, portanto nos sentamos naquela área. As portas se fecharam e o avião decolou. Percebi que ninguém dissera: "Sejam bem-vindos, senhoras e senhores. Vamos iniciar os procedimentos de decolagem." Pensei, talvez seja assim mesmo nas empresas aéreas suecas. Estávamos em pleno ar quando telas desceram do teto, informando "Proibido fumar", "Permitido fumar", porém ninguém disse uma palavra.

Já estávamos voando havia uns dez minutos quando duas aeromoças vieram caminhando pelo corredor. Depois que as telas retornaram para o teto e as aeromoças começaram a falar em linguagem de sinais, minha mãe e eu nos entreolhamos e, no mesmo instante, nos demos conta de que tínhamos embarcado num avião lotado de pessoas surdas. Espantadas, começamos a rir.

Quando as aeromoças passaram por nós, minha mãe disse: "Com licença."

Chocada, a aeromoça disse: "Você está falando!"

Mamãe disse: "Ah, se estou, e estou ouvindo também."

A mulher afastou-se depressa, sem descobrir o que a minha mãe queria. Disse às outras aeromoças que nós duas falávamos. Acho que queria alertá-las para que ninguém ficasse demasiadamente chocado.

Minha mãe e eu pedimos bebidas e fizemos um ótimo voo rindo e fumando, desfrutando a companhia uma da outra. Quando chegamos a Paris, desembarcamos e uma atendente uniformizada começou a se comunicar em linguagem de sinais com os outros passageiros. Nem Mamãe nem eu conseguimos entender nada. Fui até a atendente e disse: "Boa tarde. Minha mãe e eu não entendemos essa língua."

A mulher disse: "Você está falando!"

"Estou sim. Estou falando em inglês, mas falo e entendo um pouquinho de sueco."

Ela perguntou: "Você consegue me escutar?"

Respondi: "Claro."

Ela perguntou: "Mas como vocês embarcaram nesse avião?"

"Eu comprei as passagens."

Ela disse: "Mas você está falando sueco. Você é sueca?"

Falei: "Não só sou afro-americana, como minha mãe também é. Não, não somos suecas." Pediram que fizéssemos uma fila, depois nos colocaram em um ônibus que nos levaria até o nosso hotel na Rive Gauche.

Quando chegamos, os surdos já estavam sabendo muito bem que as duas senhoras negras não falavam linguagem de sinais. O recepcionista do hotel falou conosco em francês. Felizmente, meu francês era bom o suficiente. Ele nos indicou nossos quartos e nos disse para voltarmos à noite para tomar vinho antes do jantar, que estava incluso no pacote.

Tivemos uma estada tão maravilhosa em Paris que resolvemos ficar por mais uma semana. Aluguei o apartamento de uma conhecida. O espaço parecia ser muito bem cuidado, com um quarto que podia ser visto lá de baixo. Só havia uma única cama à vista, que seria obviamente onde eu e Mamãe dormiríamos.

Minha mãe ficou sentada, sorrindo. Ela não falava francês. Quando a dona do apartamento preparava-se para ir embora, Mamãe sussurrou: "Onde fica o banheiro? O apartamento é lindo, mas onde fica o banheiro?"

Portanto, perguntei à minha conhecida onde ficava o banheiro. Ela caminhou até a sala de estar, abaixou-se, segurou uma argola que estava praticamente escondida embaixo do tapete e a puxou. Uma grande parte do piso ergueu-se e nós vimos uma escada. Lá embaixo, havia uma cozinha ampla maravilhosa e um lindo banheiro.

Minha mãe disse: "Ora, ora... Eu estou te devendo uma, meu amor."

28

Minha mãe me dava exemplos de coragem grandes e pequenos. Estes últimos ficaram entremeados com tanta sutileza na minha pisque que mal consigo distinguir onde termina a minha mãe e eu começo.

As maiores lições estão destacadas em minha lembrança como estrelas coloridas no céu da meia-noite.

Conheci amores e perdi amores. Ousei viajar para a África para que meu filho terminasse o ensino médio no Cairo, Egito. Morei com um ativista sul-africano que conheci quando ele estava nas Nações Unidas pleiteando o fim do apartheid na África do Sul.

Nós dois tentamos fazer com que nosso relacionamento fosse sólido e firme. Por algum tempo, nossas tentativas surtiram efeito. Quando fracassaram, parti com meu filho para Gana e o ativista voltou para a África meridional. Guy entrou na Universidade de Gana.

Minha mãe me escreveu dizendo: "Todo dia saem aviões daqui para a África. Vou até aí se você precisar de mim." O amor e o apoio dela me incentivaram a ter coragem de viver minha vida com entusiasmo.

Conheci homens, e a alguns dei meu amor e confiança. Quando o último dos meus amantes se mostrou infiel, fiquei arrasada. Eu acreditava que nosso relacionamento tivesse sido criado no céu, com milhares de anjinhos querubins. O desânimo que inundou o meu coração fez com que eu me mudasse de Gana para a Carolina do Norte.

Recebi a oferta de um cargo vitalício na Wake Forest University como professora de Estudos Americanos na Cátedra Reynolds. Agradeci à administração da universidade e aceitei o convite. Eu daria aulas por um ano e, caso gostasse, lecionaria por mais um ano. Após um ano dando aulas, descobri que, até aquele momento, eu não havia entendido direito minha vocação.

Eu sempre pensara que fosse uma escritora que sabia ensinar. Descobri, para minha surpresa, que, na verdade, eu era uma professora que sabia escrever. Finquei raízes na Wake Forest para dar aulas pelo resto da minha vida.

Minha mãe elogiou minha decisão e disse que eu faria maravilhas.

Eu estava sentada num salão de beleza para cortar e cachear o cabelo. A conversa ao redor era a típica conversa que se ouve nos salões de beleza afro. "Você está falando sério?", perguntou um grupo de mulheres negras.

Uma mulher respondeu num tom queixoso: "Eu não vejo nenhum problema em gente velha fazendo sexo. É que a ideia me parece triste, só isso."

"Gente velha parece triste fazendo sexo? Quem foi que te contou essa besteira?"

"Qual é o seu problema, hein?"

Outra mulher aguardou até a comoção arrefecer e perguntou com doçura: "E o que você pensa que aconteceu com sua mãe e seu pai depois que você nasceu? Acha que eles pararam de fazer aquilo?"

A choramingas reagiu com petulância. "Também não precisa ser maldosa." Aquele comentário provocou uma torrente de zombarias.

"Garota, você é maluca!"

"Se controla."

Então, a mulher mais velha ali presente disse: "Meu bem, cansaço não quer dizer preguiça, e nem todo adeus é pra sempre."

Eu me lembrei da minha mãe quando ela tinha setenta e quatro anos. Ela estava morando em Stockton, Califórnia, com meu quarto padrasto, que, segundo ela, era seu grande amor. Ele se recuperava de um derrame de gravidade média. A voz dela no telefone entregou claramente quanto ela estava abalada. "Ah, meu amor, meu amor, eu esperei o máximo que pude antes de te incomodar, mas as coisas continuam na mesma há tempo demais. Tempo demais mesmo."

Eu forcei a minha voz a ser tão suave quanto a dela havia sido dura. "Mãe, o que aconteceu?"

Apesar de eu estar morando na Carolina do Norte, eu me sentia tão próxima quanto o telefone, as companhias aéreas e os cartões de crédito me permitiam.

"É o seu pai. Se você não conversar com ele, eu vou dar um pé na bunda dele; ele vai pro olho da rua. Vai pro olho da rua!"

Esse último marido de Mamãe era o meu preferido. Nós tínhamos sido feitos um para o outro. Ele nunca tivera uma filha, e eu não tivera os cuidados, os conselhos e a proteção de um pai desde a minha adolescência.

"O que o Papai fez, mãe? O que ele anda fazendo?"

"Nada. Nada. Esse é o problema. Ele não está fazendo merda nenhuma."

"Mas Mãe, o derrame."

"Eu sei. Ele acha que, se fizer sexo, vai ter outro derrame. O médico já falou que isso não é verdade. Eu fiquei tão puta da vida quando ele disse que poderia morrer se fizesse sexo que falei que não existe melhor maneira de ir embora do que essa."

Era engraçado, mas eu sabia que, se eu risse, iria sobrar para mim.

"Mas o que eu posso fazer, Mamãe? Sério."

"Ah, você pode fazer alguma coisa, sim. Converse com ele. Ele vai te escutar. Ou você conversa com ele ou ele vai pro olho da rua. Sou uma mulher, não sou uma maldita pedra."

Eu conhecia sua voz muito bem. Sabia que ela estava no limite da sua frustração. Ela realmente estava disposta a agir.

"Tudo bem, Mamãe. Eu não sei o que vou dizer, mas vou falar com o Papai."

"É melhor não esperar muito, então."

"Mamãe, saia de casa às cinco e meia hoje à tarde, e eu vou ligar para o Papai depois que você sair. Acalme o seu coração, Mamãe. Farei o melhor que eu puder."

"Certo, meu amor. Tchau. Falo contigo amanhã."

Ela não ficou feliz, mas pelo menos tinha se acalmado. Ponderei ao longo do dia o que eu poderia dizer. Às seis da tarde do fuso horário da Califórnia, telefonei.

"Oi, Papai. Como vai você?"

"Oi, meu amor. Como vai você?" Ele estava feliz de ouvir a minha voz.

"Tudo certo, Papai. Poderia chamar a Mamãe, por favor?"

"Ah, meu amor, ela acabou de sair, há mais ou menos meia hora. Pra casa da prima."

"Bom, Papai, estou preocupada com ela e seu apetite. Ela não comeu nada hoje, não é?"

"Comeu, sim. Fez bolinhos de caranguejo e salada de repolho e aspargos. Comemos tudo."

"Bem, mas ela não anda bebendo, certo?"

"Tomou uma cerveja comigo, e pode apostar que está com um Dewar's White Label na mão agora."

"Mas, Papai, está acontecendo alguma coisa errada. Quero dizer, ela anda ouvindo música, jogando baralho e tudo o mais?"

"Ouvimos *Take 6* o dia inteiro nesse aparelho de som que você mandou pra gente, e eu sei que ela está jogando dominó com a prima neste exato momento."

"Bom, Papai, então pelo visto você acha que o apetite dela é grande?"

"Ah sim, meu amor, a sua mãe tem um ótimo apetite."

"Isso é verdade, Papai." Baixei a voz. "Todos os apetites dela são grandes. Papai, por favor me desculpe, mas sou a única que pode conversar com você. É verdade que o apetite dela por amor é grande também, e Papai, por favor, me desculpe, mas, se você não cuidar dela nesse departamento, ela vai morrer de fome, Papai." Eu o ouvi tossir, gaguejar e pigarrear.

"Com licença, Papai, mas acabou de chegar alguém aqui em casa. Eu te amo, Papai."

Ouvi um "Tchau, meu amor" fraquíssimo.

Meu rosto estava ardendo. Preparei uma bebida para mim. Tinha feito o melhor que podia, e torci para que desse certo.

Na manhã seguinte, por volta das sete da manhã no fuso horário da Califórnia, a voz da minha mãe me contou o resultado.

"Oi, minha querida, docinho da Mamãe. Você é a menina mais doce do mundo. Mamãe te adora demais." Ela arrulhava e falava em tatibitate, e eu ri, para o deleite dela.

Os pais que dizem a seus rebentos que sexo se faz apenas para a procriação prestam a todos um sério desserviço. Com tristeza absoluta, devo dizer que a minha mãe morreu quatro anos depois desse incidente, mas ela permanece como o meu ideal. Agora, aos oitenta, planejo continuar a ser como ela até os meus noventa anos, e além, se eu tiver sorte.

Mamãe deu a seus filhos tudo o que tinha para dar, mas nunca senti tanta saudade da presença dela quanto Bailey. Ele sempre foi a pessoa mais preciosa na minha vida, e eu o tinha por perto. Já ele, por outro lado, ansiava por ela e por tudo o que a lembrança dela trazia. Ele tinha cinco anos quando fomos mandados para longe, e sua primeira infância já estava repleta com o som das músicas e risadas de Mamãe e da sensação de seus beijos.

O ranger das rodas e o barulho das buzinas, o guinchar das sirenes na frente de casa, as vozes gritando e berrando, tudo isso fora marcado em sua memória auditiva. Naturalmente, as ruas vazias e os ambientes silenciosos e quase sem móveis de Stamps não conseguiam satisfazê-lo. Ele não conseguia encontrar uma maneira de o Arkansas preencher a desolação de sua alma. Entretanto, reunir-se com ela na Califórnia também nunca foi o bastante. Quando ele olhava para Mamãe, seu olhar era complexo: a adoração dividia espaço com o desapontamento. Ela estava bem ali, naquele instante, onde ele podia vê-la, mas não estivera lá quando ele precisou dela tão desesperadamente.

Ele começou a flertar com a heroína aos dezoito. Fez pouco-caso da minha preocupação. "Eu sei como lidar com isso", dizia. Achava que seu grande intelecto poderia protegê-lo do vício. Estava enganado. Largou a Marinha Mercante e São Francisco, e começou a morar numa área cheia de drogas nas proximidades.

Uma premonição terrível me invadiu. Eu tinha certeza de que iriam me telefonar para avisar da morte dele. Aquela possibilidade quase me tirava o chão. Comecei a andar aos tropeços e até mesmo a gaguejar.

Eu o encontrei num pico de viciados em East Oakland. Havia seguido uma trilha suspeita até topar com uma casa velha de janelas quebradas. A porta da entrada estava sendo vigiada por dois homens mal-encarados e esqueléticos com roupas sujas.

Um deles perguntou: "O que você quer?"

Falei: "Vim buscar meu irmão." Não havia nem medo nem hesitação na minha voz.

O homem que estava mais próximo da porta disse: "Você é tira?"

"Não." E falei mais alto: "Sou a irmã de Bailey Johnson e vim aqui buscá-lo." O homem ouviu a minha determinação e, em seguida, se afastou da porta, como se tivesse sido coreografado. Eu adentrei o fedor e a escuridão. Imediatamente percebi que nunca estivera num lugar como aquele. Quando meus olhos se acostumaram com a penumbra, vi Bailey sentado num sofá-cama, as costas contra a parede. Sentei ao seu lado.

"Bail, vim te buscar. Vamos", falei.

Ele se empertigou um pouco. "My, esse não é o seu papel. Eu sou o seu irmão mais velho. Você não pode vir me buscar."

Falei: "Alguém precisa fazer isso. Se não for eu, então quem será?"

"Ninguém. Esta é a minha vida. Quero que você volte pra casa."

"Não quero te largar aqui. Você vai acabar sendo preso, e quem quer ir parar na prisão?"

"Sua mãe disse que as prisões foram feitas para as pessoas, não para os cavalos. A prisão não me assusta."

Percebi que eu estava perdendo na conversa, se é que já não tinha perdido completamente. Coloquei mais urgência em minha voz. "Bailey, não quero largar você aqui. Pode acontecer alguma coisa."

Ele disse: "E provavelmente vai. Levante e volte pra sua casa e seu filho. Não estou fazendo nada de muito errado. Sou um avião. Vendo mercadoria quente pra quem está a fim de um bom negócio. Não estou fazendo mal a mais ninguém, exceto a mim mesmo. Levante e vá embora. Não quero que essas pessoas fiquem vendo você."

Comecei a chorar.

Ele disse: "Pelo amor de Deus, deixe de choramingar. Você não pode me mudar, mas pode mudar a si mesma. Levante e vá pra casa." Ele se levantou. "Agora."

Eu fiz o mesmo.

"Vou acompanhar você até o seu carro", disse ele. "Vamos."

Como sempre, obedeci. Nos degraus da entrada, ele falou com os dois vigias. Bailey disse: "Essa é a minha irmã e ela não vai mais voltar aqui."

Os homens murmuraram qualquer coisa e sua atitude me disse que Bailey estava no comando.

Na frente do carro, ele falou: "Pare de se preocupar comigo. Sua mãe entende que esta é a minha vida e que eu vou vivê-la da forma como achar melhor."

Mais tarde, quando conversei com Mamãe sobre Bailey, ela disse: "Bailey tem a vida dele. Nunca me perdoou por ter mandado vocês para o Arkansas. Lamento muito que ele não consiga superar isso, mas eu fiz o melhor que pude e não dá para voltar atrás e reescrever a história."

Bailey conheceu uma garota que se parecia com a Mamãe. Era bonita e, mais importante, tinha uma personalidade intensa. Falava alto e seu riso era solto. O casamento com Eunice salvou-lhe a vida. Eles se mudaram para o Havaí e ele conseguiu levar uma vida tão limpa e normal que, olhando para ele, era difícil acreditar que já tivesse sido um viciado.

O casal encarava o tênis com seriedade e as caminhadas em trilhas como um passatempo. Porém, o casamento de Bailey foi interrompido antes do tempo pela morte inesperada de Eunice. Meu irmão perdeu seu tênue contato com a sanidade. Compareceu ao funeral de uniforme de tênis e levando duas raquetes. Andou até o caixão aberto e pousou uma das raquetes sobre o corpo dela. Dali a uma semana, Bailey já havia desaparecido mais uma vez por entre as garras vorazes do mundo das drogas.

Vivian me deu tudo o que podia dar. Seu filho Bailey a desapontara. Ela imaginara que, se o pai dele não aceitara a chance de ensinar o filho a ser homem, ela o faria. Não refletiu que, sendo ela uma mulher, não poderia ser um homem, que, como mãe, era incapaz de ser pai.

Ela derramava sobre ele o xarope açucarado do amor maternal. Dizia-lhe que, embora ele fosse um Johnson, os genes mais importantes do seu corpo eram os que ele tinha herdado da sua mãe. Ele era um Baxter.

Bailey a adorava, mas nunca foi capaz de perdoá-la por tê-lo mandado para longe. Não conseguia banir a lembrança dos solitários anos no Arkansas, quando jamais se sentira em casa. Ele era uma criança quando chegamos às ruas do interior e aos cômodos semivazios do Arkansas.

Talvez sua juventude tenha se agarrado ao som das risadas altas, da música e das brigas que ele escutara na infância.

Nem a loja de Vovó nem mesmo a cantoria barulhenta da igreja no domingo haviam sido capazes de abafar o som da voz da sua mãe.

29

Um telefonema me trouxera do outro lado do país até o leito hospitalar da minha mãe. Embora ela estivesse pálida, lívida, e seus olhos não conseguissem sustentar o foco, sorriu ao me ver.

Com a voz fraca, disse: "Meu amor, eu sabia que você viria."

Beijei seus lábios ressecados e disse: "Estou aqui. Tudo vai ficar bem." Apesar de não acreditar, eu disse aquilo porque era a única coisa a dizer.

O sorriso dela permaneceu inalterado, mas ela tentou demonstrar que também acreditava em mim. Depois de uma breve visita, durante a qual fui a única a falar, confabulei com os médicos. O prognóstico não era promissor. Mamãe sofria de câncer de pulmão e enfisema, e estimava-se que ela tivesse no máximo mais três meses de vida.

Eu sabia que ela ficaria melhor na Carolina do Norte porque eu estaria ao seu lado e lhe garantiria o máximo conforto. Quando lhe perguntei "Quer vir à Carolina do Norte e me deixar cuidar de você?", ela se alegrou e sussurrou que sim.

Rosa Faye, a primogênita do meu irmão, concordou em viajar com a minha mãe até Winston-Salem. Eu retornei para a Carolina do Norte, para me preparar. Mandei pintar um quarto grande e iluminado de rosa-claro, arrematando com cortinas florais. O quarto era alegre e acolhedor, e eu pendurei quadros e fotos de família nas paredes.

Quando chegou o carro trazendo Mamãe e Rosa, Mamãe estava tão fraca que não conseguia andar ou sequer ficar de pé. O motorista a apanhou no colo e a trouxe até o interior da casa. Eu a abracei e pedi ao motorista que a levasse até o seu quarto. Mamãe sentou-se na lateral da cama e olhou ao redor, depois me deu um sorriso largo. Disse: "Meu amor, que lindo! Você decorou para mim, não foi?"

Respondi: "Sim. Como você sabe? Sentiu o cheiro da tinta?"

"Sim, um pouquinho, mas isso não me incomodou. Você pintou esse quarto de rosa porque sabe como eu amo rosa. Vou melhorar aqui", disse ela.

Aquela declaração não era desprovida de esperanças; era cheia de certezas. Os médicos que estavam aguardando a sua chegada entraram no quarto e fecharam a porta. Esperamos, nervosas, para saber seu veredicto. Os médicos juntaram-se a mim na mesa da cozinha enquanto Rosa ia cuidar para que Mamãe ficasse confortável. Eles disseram: "Lemos o prontuário dos médicos da Califórnia e é preciso que ela vá ao nosso hospital para ser examinada. Traga-a amanhã."

Os médicos da Carolina do Norte descontinuaram a quimioterapia e, em vez disso, prescreveram radioterapia. O ânimo de Mamãe melhorava a cada dia. Depois de uma semana, ela me chamou até seu quarto e me pediu para ajudá-la a tirar seu vestido.

"Você, que sempre gostou de arte, olhe a sua mãe." Os radiologistas tinham pintado seu busto e suas costas com tinta vermelha e amarela de tons vivos. "Estou parecendo um Picasso?"

Eu me senti feliz de rir com ela e saber que, embora não estivesse curada, ela tivesse escolhido sentir-se melhor. Após dois meses, um dos médicos, o Dr. Imamura, disse que não existia explicação para a sua recuperação. Cabelos grisalhos começaram a nascer em sua cabeça careca. Ela tinha apetite suficiente para pedir alimentos substanciais e até se oferecia para prepará-los. Em seis meses, ganhou peso e forças. Começou a entreter amigos e a frequentar a igreja comigo.

Com a melhora contínua de Mamãe, eu me senti encorajada a retornar ao trabalho, dar palestras em todo o país. Mamãe perguntou se eu poderia trazer sua amiga mais próxima, Tia Area, e eu respondi que sim.

Ela perguntou: "Não está na hora de você fazer o trabalho que precisa fazer?"

Respondi: "Sim."

Ela disse: "Então é melhor ir logo."

Minhas duas empregadas eram mulheres gigantescas tanto em altura como em circunferência. A Sra. Knowles, que dormia em casa, tinha 1,87m e pesava 124kg. A Sra.

Sterling, que vinha diariamente, tinha 1,77m e 90kg. Mamãe tratava as duas como se fossem suas filhinhas. Elas adoravam aquilo e se comportavam de acordo.

Tia Area chegou e, imediatamente, me arrependi de não ter pedido que ela viesse antes. Ela e minha mãe riam o tempo todo e minha casa tornou-se um lugar maravilhoso de se viver, totalmente livre do medo e da apreensão que a haviam preenchido antes. Mamãe sentia-se à vontade e feliz. Sempre que eu arrumava as malas para partir, notava uma espécie de clima de férias no ar. Minha mãe segurava minha mão e beijava meu rosto.

"Ah, meu amor, Mamãe vai sentir saudades. Divirta-se e volte logo. Mamãe precisa de você", dizia ela.

Mal o carro que me levava até o aeroporto se afastava da minha casa, minha mãe chamava todos os empregados do escritório e da casa e avisava que ela e Tia Area iriam levá-los para almoçar fora num restaurante local de frutos do mar. Já tinha reservado uma limusine para ela e Tia Area. "Vão se arrumar. Nós vamos sair para almoçar."

30

Chegou um convite que, ao mesmo tempo, me espantou e me encheu de alegria. A Universidade de Exeter, na Inglaterra, me convidava para lecionar como professora visitante honorária em seus consagrados salões durante três semanas. Agradeci o convite, porém disse que não; eu não poderia sair da Carolina do Norte porque minha mãe estava gravemente doente.

Quando Vivian Baxter ficou sabendo que eu recusara o convite, chamou-me até o seu quarto. "Vá", sussurrou. "Vá. Mostre a eles como você soletra seu nome: M-U-L-H-E-R. Eu estarei aqui quando você voltar!"

Parti da Carolina do Norte e comecei a lecionar no campus de Exeter. Eu telefonava todos os dias para saber notícias de Mamãe.

Um dia, Guy me telefonou e disse: "Mamãe, a Vovó está chateada com a Tia Area."

"Por quê?"

Guy disse: "Tia Area quer colocar proteções nas laterais da cama da Vovó, mas ela se recusa. Quer passar o tempo sentada na beirada da cama."

Telefonei para Mamãe. "Mãe?"

Ela sussurrou: "Sim, meu amor."

"Você gostaria que eu pedisse a Tia Area para voltar para a Califórnia?"

Ela quase gritou: "Sim!"

Falei que pediria no dia seguinte.

Ela murmurou um agradecimento.

Pedi à minha secretária que emitisse um cheque gordo e que o entregasse à Tia Area no dia seguinte, à uma da tarde.

Telefonei para Titia às 12:50. "Tia, obrigada por ter vindo ficar com minha mãe. Eu lhe agradeço muito."

Ela disse: "Ela é minha irmã, eu precisava vir."

"Mas agora chegou a hora de a senhora voltar para casa, Tia. Ela precisa levar a vida dela do jeito que quiser. Fiquei sabendo que a senhora não quer deixá-la sentar na beirada da cama."

"É verdade. Ela está doente. Pode cair da cama."

Falei: "Tia, ela está morrendo de câncer de pulmão. E daí se ela quer sentar na beira da cama? Mandei providenciar algo para a senhora como forma de agradecimento por ter vindo ficar com ela."

"Você não pode me pagar por ter vindo cuidar da minha irmã."

Naquele momento, minha secretária entrou no quarto e colocou o cheque na frente de Tia Area. Ela leu o valor e amoleceu. "Oh, Maya, meu amor, muito obrigada. Eu te amo e amo sua mãe. Vou voltar para a Califórnia e continuar rezando pela minha irmã."

Dois dias depois, decidi partir de Exeter e voltar para casa. Do aeroporto de Greensboro, Carolina do Norte, fui conduzida diretamente até o quarto de hospital em que minha mãe estava.

Vivian Baxter estava em coma. Mesmo assim, conversei com ela. Sua mão permaneceu pousada sobre a minha sem qualquer movimento.

No dia seguinte, contratei três mulheres para ficarem ao seu lado, em turnos de oito horas cada.

"Ela não precisa de cuidados. Há enfermeiras aqui para isso. A única coisa que eu quero é que vocês segurem a mão dela. Se precisarem ir ao banheiro, peçam para outra pessoa segurar a mão dela até vocês voltarem. Quero que ela tenha o máximo de contato humano enquanto estiver viva."

No terceiro dia seguinte ao meu retorno, fui visitar Mamãe. Segurei sua mão e disse: "Dizem que algumas pessoas precisam de permissão para partir. Não sei se você está esperando por isso, mas posso dizer que talvez você já tenha feito tudo o que veio fazer por aqui.

"Você foi uma trabalhadora incansável — graças a você, mulheres brancas, negras e latinas zarpam do porto de São Francisco. Você foi chapeadora naval, enfermeira, agente imobiliária e barbeira. Muitos homens e — se não me falha a memória — algumas mulheres arriscaram a vida para amá-la. Nunca existiu pessoa mais grandiosa do que você. Você foi uma péssima mãe de crianças pequenas, mas nunca houve melhor mãe de adolescentes do que você."

Ela apertou minha mão duas vezes.

Beijei seus dedos e os entreguei novamente para a mulher que estava sentada ao lado de seu leito. Depois fui para casa.

Acordei ao raiar do dia e desci as escadas correndo de pijama. Fui até o hospital e estacionei na fila dupla. Não esperei pelos elevadores. Subi as escadas correndo até o andar dela.

A enfermeira disse: "Ela acabou de partir."

Olhei para a forma sem vida da minha mãe e lembrei-me de sua paixão e inteligência. Sabia que ela merecia ter uma filha que a amasse e tivesse boa memória, e ela conseguiu isso.

AGRADECIMENTOS

*Para todos os pais e mães que ousaram criar seus filhos
e filhas com amor, risos e orações.
Que tropeçaram e caíram, e mesmo assim se
levantaram para ser mães e pais bem-sucedidos.*

*E para todos os que mantive
sob o olhar atento de uma mãe:
Oprah, Stephanie Johnson, Lydia Stuckey,
Valerie Simpson, Bettie Clay, Ceda Floyd,
Dinky Weber, Jacqui Sales e outros,
vocês sabem quem vocês são.*

Eu agradeço a Deus e agradeço a vocês.

A primeira edição deste livro foi publicada em março de 2018, ano em que se celebram 28 anos da fundação da Rosa dos Tempos, a primeira editora feminista brasileira.

O texto foi composto em Minion Pro, corpo 12/16. A impressão se deu sobre papel off-white pelo Sistema Digital Instant Duplex da Divisão Gráfica da Distribuidora Record.